Herber
Richar

Alpenp

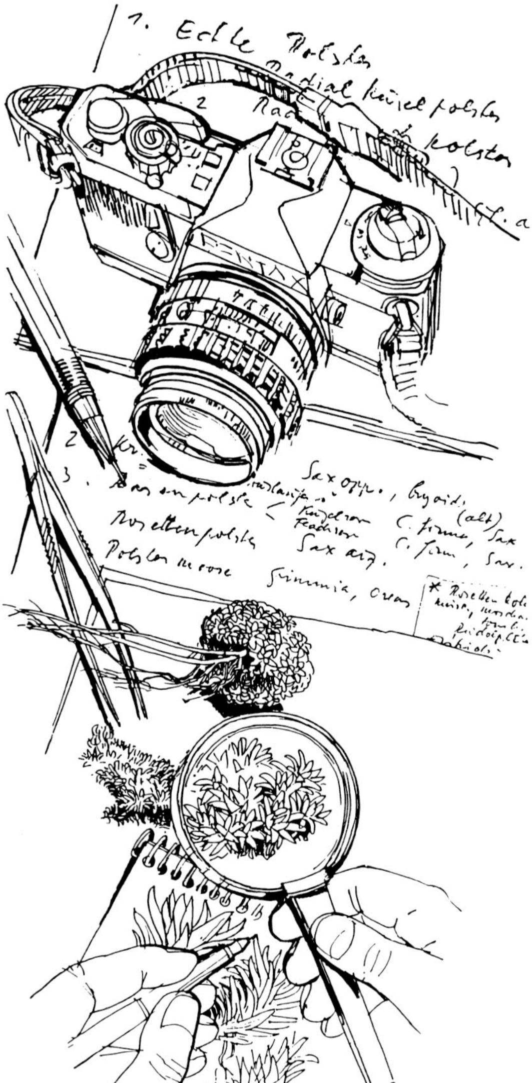

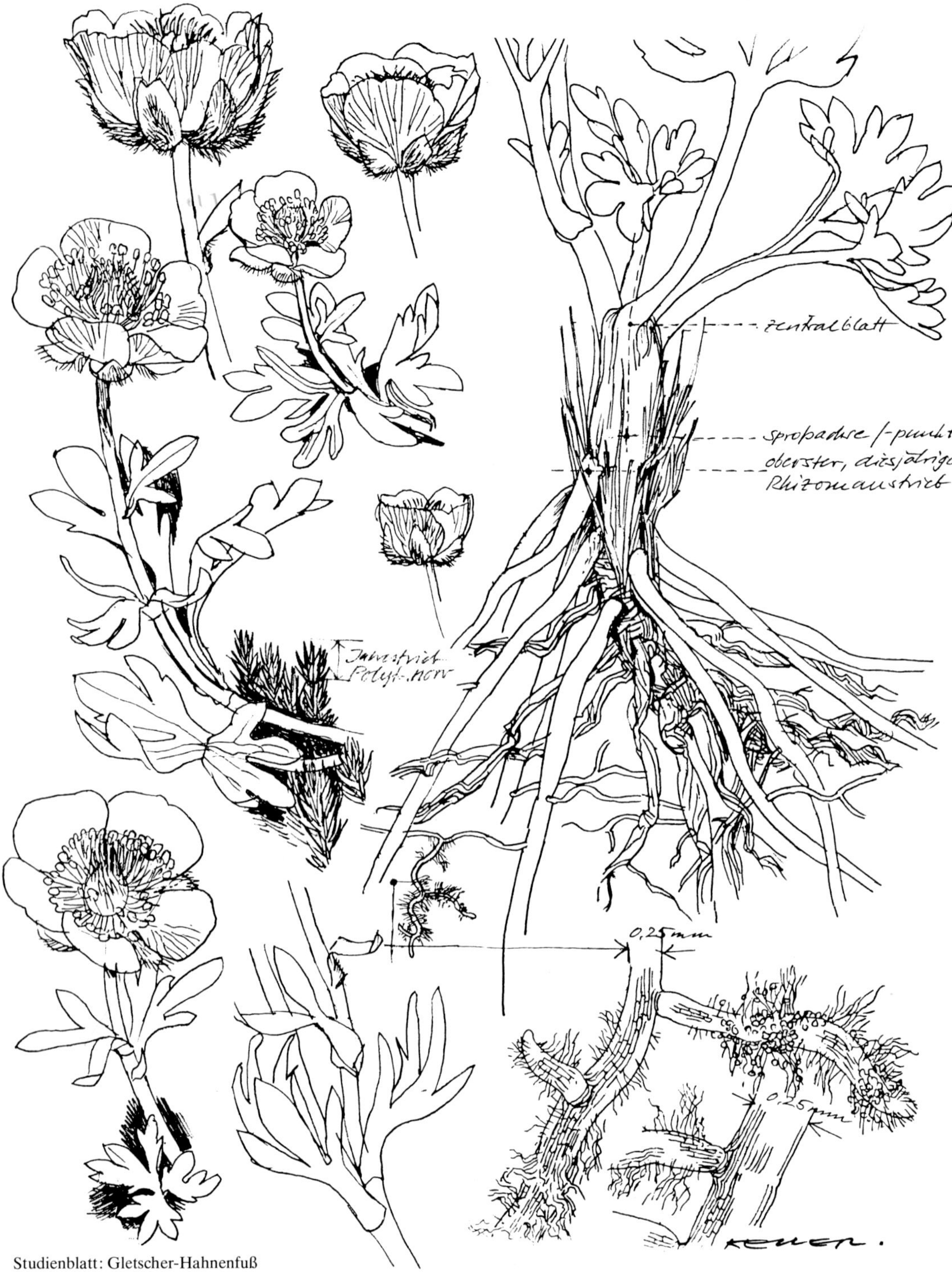

Studienblatt: Gletscher-Hahnenfuß
Ranunculus glacialis

Herbert Reisigl
Richard Keller

Alpenpflanzen im Lebensraum

Alpine Rasen
Schutt- und Felsvegetation

Vegetationsökologische Informationen für Studien, Exkursionen und Wanderungen

189 Farbfotos
86 Zeichnungen mit mehr als 400 Einzeldarstellungen
58 wissenschaftliche Grafiken

2., bearbeitete Auflage

SEMPER BONIS ARTIBUS

Gustav Fischer Verlag · Stuttgart · Jena · New York · 1994

In langjähriger Zusammenarbeit konnten die Autoren an der wohl einmaligen kontinuierlichen Aktivität der Dr. Karl Thomae GmbH mitwirken, botanische Fachinformationen hoher Qualität in regelmäßiger Folge herauszugeben.
Ein ausdrücklicher Dank der Autoren gebührt dabei Alfred Tode, der daraus dann die Anregung zu diesem Buch gegeben hat und der Dr. Karl Thomae GmbH, durch deren Engagement dieses Buch in so großzügiger Ausstattung erscheinen konnte.

Umschlagbild:
Alpenwucherblume *Leucanthemopsis alpina*, Schnitt durch den Polsterseggenrasen *Carex firma*, Gelber Alpenmohn *Papaver rhaeticum.*

Die Deutsche Bibliothek – CIP-Einheitsaufnahme

Reisigl, Herbert:
Alpenpflanzen im Lebensraum : alpine Rasen, Schutt- und Felsvegetation ; vegetationsökologische Informationen für Studien, Exkursionen und Wanderungen / Herbert Reisigl ; Richard Keller. – 2., bearb. Aufl. – Stuttgart ; Jena ; New York ; Fischer, 1994
ISBN 3-437-20516-1
NE: Keller, Richard:

Wollgrasweg 49 · D-70599 Stuttgart (Hohenheim)

Gestaltung: Richard Keller, Augsburg
Satz: typo-service Sieber, Augsburg
Litho, Montage: Hofner, Augsburg
Druck und Bindung: Pustet, Regensburg
Printed in Germany

Inhaltsverzeichnis

Vorwort

Zur 1. Auflage

Auch ohne komplizierte Meßgeräte, allein mit der Freude am Schauen, Beobachten können wir Gesetzmäßigkeiten der Natur erfassen und verstehen, soweit sie sich eben in ihrer äußeren Formbildung zu erkennen geben. Die Wirkung von Strahlung, Kälte und Wind erleben wir bei jeder Bergwanderung am eigenen Leib, wir sehen die Verschiedenheiten der Pflanzenarten und erahnen die gesetzhaften Regeln ihrer Verteilung im Geländerelief.
Diese charakteristischen Strukturen der einzelnen vegetationsbestimmenden Pflanzen, aber auch der großräumigen Vegetationslandschaften und ihrer Typenvielfalt haben wir in Fotos und Zeichnungen dargestellt, die auf gemeinsamen Exkursionen entstanden sind und uns viele neue Einsichten gebracht haben. Manches wir dem Fortgeschrittenen bekannt sein, vieles aber auch neu und überraschend.
Neu an diesem Buch ist die spezifische Kombination von Text, Foto und Zeichnung. Besonders die gezeichneten Ausschnitte der alpinen Rasen vermitteln, in bisher nicht bekannter Form, Einblicke in verborgene Strukturen der Vegetation und Wachstumsgesetze der Leitpflanzen, ihrer Partner und ihrer Konkurrenten im Wettbewerb um den Standort. In unterschiedlichsten Dimensionen, von der Pflanzengesellschaft bis zu morphologischen Details der Einzelpflanze können hier die wichtigsten Lebensräume der alpinen Vegetation miteinander verglichen werden.
Die „inneren Eigenschaften" von Gebirgspflanzen, ihre eigentliche Konstitution, kann nur mit einem meist aufwendigen Instrumentarium im Labor oder Freiland (unter oft extremen Bedingungen) erforscht werden. Die Resultate dieser mühsamen Arbeit sind fast ausschließlich in Fachzeitschriften veröffentlicht und daher einem breiteren Leserkreis kaum zugänglich. Daß wir hier nun neueste Forschungsergebnisse anderer Fachkollegen verwenden und in grafisch einprägsamen Informationen weitergeben können, dafür und für viele anregende Diskussionen danken wir sehr herzlich den Kollegen W. Larcher, A. Cernusca, Ch. Körner und W. Moser.
Durch die Zusammenschau von Erkenntnissen aus verschiedenen Arbeitsgebieten wollen wir mit diesem Buch Anregungen geben zu genauerem Schauen und Nachdenken und damit auch tieferes Verständnis wecken für die wenigstens in Teilbereichen noch natürlichen Lebensräume in den Alpen, deren sensibles Gleichgewicht allzuleicht gestört und damit leichtfertig zerstört werden kann.

Innsbruck/Augsburg
September 1987

Zur 2. Auflage

Mit Freude und Genugtuung dürfen wir feststellen, daß das neuartige Konzept unseres – wie die meisten Besprechungen feststellten – recht anspruchsvollen Buches soviel Zustimmung fand, daß die hohe 1. Auflage nach wenigen Jahren vergriffen ist und der Verlag dankenswerterweise eine 2. Auflage realisiert hat. Weder am Inhalt noch am Umfang mußte Grundsätzliches verändert werden.
Einige Bilder und Grafiken wurden im Informationswert verbessert, Druckfehler sind richtig gestellt. Die pflanzensoziologische Nomenklatur ist auf den letzten Stand gebracht worden.
Die überaus positive Aufnahme, die unser Buch allgemein, besonders aber bei allen Lehrenden und Studierenden, die mit Vegetation und Lebensraum im Gebirge zu tun haben, gefunden hat, zeigt uns, daß es – vor allem zusammen mit Band 2 „Lebensraum Bergwald" schon seinen festen Gebrauchswert hat. Wir hoffen, daß unsere beiden Bücher weiterhin bewirken können, den Lebensraum der Gebirgspflanzen als Teil jener Natur zu verstehen, zu der auch wir Menschen gehören.

Mai 1994

Herbert Reisigl Richard Keller

Entstehung und Bau der Alpen

Vor 4-5 Milliarden Jahren entstand ein neuer Stern: die Erde. Der einst unvorstellbar heiße Feuerball kühlt ab, schrumpft und verkleinert seine Oberfläche; dabei zerbricht die äußerste Kruste an „Schwachstellen" und wird zu Gebirgen emporgepreßt. Eine einfache Hypothese, die aber mit hoher Wahrscheinlichkeit falsch ist. Eine Reihe auffallender Tatsachen (z. B. Verbreitungsmuster von Pflanzen und Tieren, gleiche Fossilien und Gebirgsstrukturen beiderseits des Atlantik) läßt sich durch diese Theorie nicht erklären. A. WEGENER hatte 1912 den sensationellen Schluß gezogen, daß die heutige Konfiguration der Kontinente mit ihren genau zueinanderpassenden Konturen (Afrika-Amerika) am besten mit der horizontalen Drift von Kontinentalschollen zu erklären sei. Diese Hypothese der „Plattentektonik" ist in den letzten Jahrzehnten durch die moderne Geophysik mit einer Fülle unabhängiger Beweise (Erforschung des Meeresbodens, Veränderungen im Magnetfeld der Erde) gestützt und in den Grundzügen glänzend bestätigt worden. Demnach wären alle Landmassen in einem einzigen Superkontinent Pangaea (Abb. 1) vereinigt gewesen, der vor ca. 200 Millionen Jahren in zwei große Blöcke zerbrach: Laurasia im Norden, Gondwana im Süden. Die Antriebskräfte dieser Erdkrustenverschiebung sind langsam zirkulierende Konvektonsströme in tieferen, plastischen Schichten des Erdmantels. Der relativ schwere Ozeanboden wird in die Tiefe gezogen, die leichteren Kontinentalschollen aber schwimmen mit einer durchschnittlichen Geschwindigkeit von 2 cm pro Jahr gegeneinander zu und werden an der Berührungsnaht zu Gebirgen emporgeschoben. Anders die Nahtlinien zwischen zwei auseinandergebrochenen Kontinentalschollen: hier steigt die Strömung aus der Tiefe bis nahe unter die Erd- oder Ozeankruste auf. Lange, von Vulkanismus geprägte Rücken sind die Folge (mittelatlantischer Rücken). Beim Zusammenstoß der afrikanischen mit der eurasiatischen Platte ist der Boden der Tethys – des alten Mittelmeerbeckens – zusammengepreßt worden, deckenartige Überschiebungen, Brüche, Hebungen und Verfaltungen waren damit verknüpft (Abb. 2). Die Entstehung der Alpen (und des ganzen riesigen Gebirgsbogens vom Hohen Atlas über den Himalaya bis nach Neuseeland) begann vor etwa 40 Millionen Jahren. Dabei wurden auch Meeressedimente hochgehoben oder als ganze Schichtpakete verfrachtet und teilweise in Falten gepreßt. In mehreren Schüben bildete sich zunächst ein Mittelgebirgsrelief; erst in junger geologischer Zeit, während der letzten 2 Millionen Jahre sind die Alpiden zum Hochgebirge mit seinen scharfen Erosionsformen geworden. Gebirgsbildung, aber auch die Abtragung sind Prozesse, die auch in der Gegenwart weiterwirken. Der heutige Gesteinsaufbau der Alpen zeigt im östlichen Teil eine deutliche Längssymmetrie: Die zentralen Silikatgebirge aus der ursprünglichen magmatischen Erdkruste werden nördlich wie südlich von Kalkketten flankiert. Diese stammen aus Meeressedimenten oder Riffen von Kalkalgen und Korallen, die im tropischen Flachmeer der Triaszeit in der Thetys, dem Bildungstrog der Alpen, nach und nach zu mächtigen Felsburgen emporgewachsen

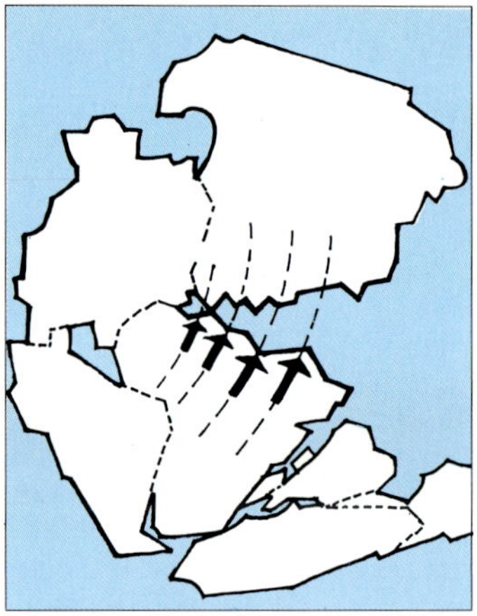

Abb. 1 Beginnende Kontinentalverschiebung. Ende Perm (vor 225 Mill. Jahren).

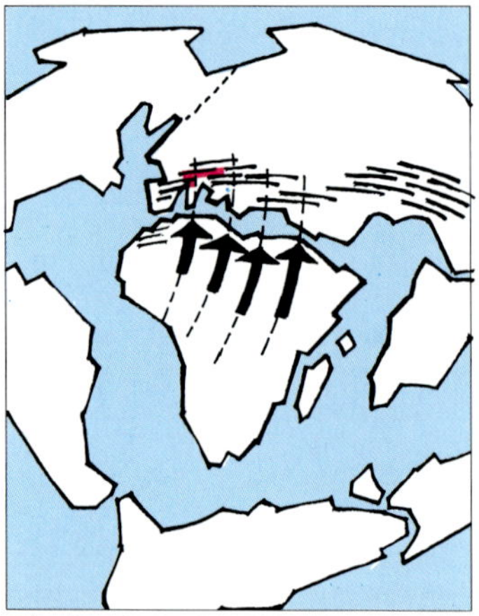

Abb. 2 Phase der Verschiebung Ende Kreide (vor 65 Millionen Jahren). Beginnende Gebirgsbildung.

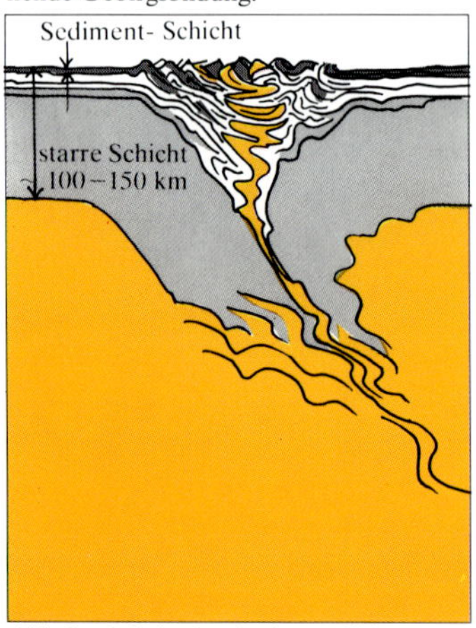

Abb. 3 Schnitt durch eine Kollisionszone

Abb. 4 Gletscher-Hahnenfuß *Ranunculus glacialis,* die höchststeigende Nivalpflanze der Alpen, zeigt äußerlich kaum Merkmale der Anpassung an das Hochgebirgsklima.

Abb. 5 Riffkalk einer Lagunenfacies (Zugspitze/Wettersteingebirge)

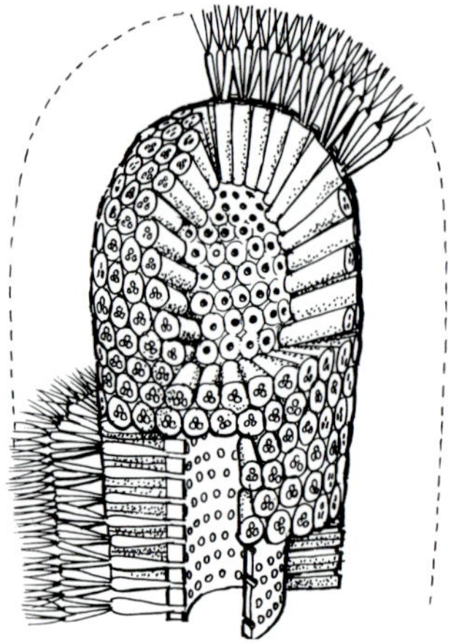

Abb. 6 Rekonstruktion einer Riffkalk bildenden Alge (Typus *Triploporella*, 2x)

Abb. 7 Gebankte verfaltete Kalke im Schneebergzug (Ötztal)

Abb. 8 Falte der Gebirgsbildung

Abb. 9 Typische weichere Ausformung der Silikatgebirge (Obergurgl/Ötztal)

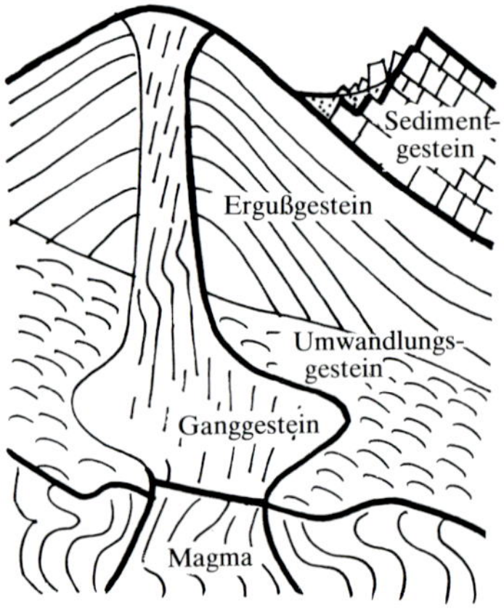

Abb. 10 Vulkanische Struktur

waren (v. a. die Dolomiten). Stellenweise hat junger Vulkanismus die ruhige Entwicklung dieses Meeresraumes gestört (Bozner Quarzporphyrplatte). Die westlichen Alpen sind sehr viel komplizierter verschoben und verfaltet, Kalksedimente, Schiefer und silikatische „Urgesteine" wechseln unregelmäßig auf engerem Raum (Abb. 3).

Text zu den Abb. 5–13

Abb. 5 Zugspitze: Das Wettersteingebirge gehört wie die westl. Südtiroler Dolomiten zu einem großen Riffgebiet des Erdmittelalters. Die Felsen wurden in der Trias-Zeit von den Skeletten der Korallen und Kalkalgen aufgebaut oder in seichten Lagunen abgelagert.

Abb. 6 In der Zeichnung ist Aufsicht u. Schnitt kombiniert. Außen die lebenden Algenzellen, innen Kalkskelett.

Abb. 7 Gebankte Kalke: Durch die Gebirgsbildung gefaltete Meeresablagerungen (Sedimente) aus den Kalkskeletten von Tieren, Algen und Verwitterungsprodukten.

Abb. 8 Eine Falte wurde an der Gebirgsoberfläche durch Erosion teilweise abgetragen. Die ehemalige Lagerung und das Alter der einzelnen Schichten ist meist durch „Leitfossilien" zu rekonstruieren.

Abb. 9 Die Silikatgebirge bestehen aus „Urgesteinen". Im Palaeozoikum, aber auch in geologisch viel jüngerer Zeit (Tertiär: Bozner Quarzporphyr) ist flüssiges Magma aus dem Erdinneren emporgequollen und bildet als Granit oder Basalt die Basis der Kontinentalschollen, die später von einer dünnen Schicht Meeresablagerungen überdeckt wurden.

Abb. 10 Schnitt durch einen jungen Vulkan, der die Meeressedimente durchbrochen hatte (z.B.: westl. Dolomiten)

Abb. 11 In den fast genau Ost-West streichenden Ostalpen herrscht eine Art Symmetrie: Der niedrigere Nord- und Südrand besteht aus Kalkgesteinen der Meeresablagerungen. Die höheren silikatischen „Zentralalpen" (Innenalpen) sind durch die Gebirgsbildung und Erosion freigelegt worden. Die Kalksedimente sind meist durch die Tektonik vom Ort der Ablagerung über weite Strecken verfrachtet worden.

Abb. 13 Klimasymmetrie: die hauptsächlich von Nordwest, aber auch von der Adria herangeführten feuchten Luftmassen werden durch die Alpen zum Aufsteigen gezwungen. Durch Abkühlung kondensiert der Wasserdampf zu Wolken. Dadurch erhalten die Randalpen mehr Niederschlag und durch vermehrte Bewölkung weniger Sonnenstrahlung als die Innenalpen.

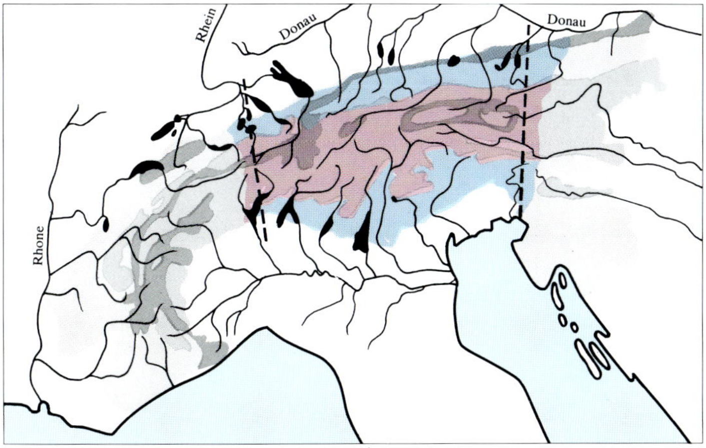

Abb. 11 Bereiche der geologischen Symmetrie

Abb. 12 Schematisches Schnittbild der geologischen und klimatischen Symmetrie der Ostalpen.

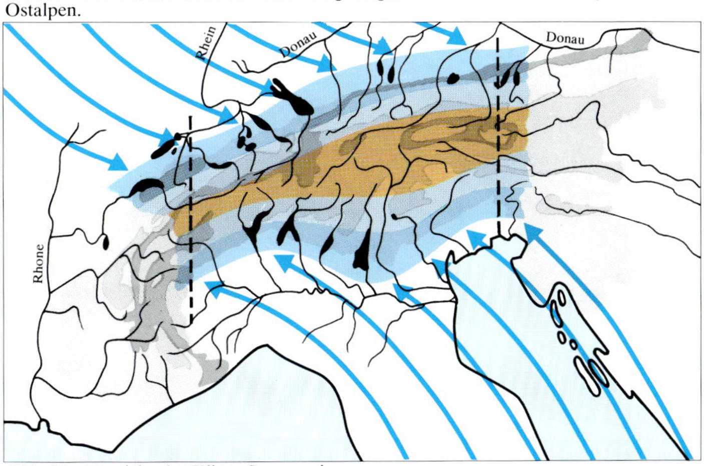

Abb. 13 Bereiche der Klima-Symmetrie

Boden

Das Kalk-Silikat-Problem

Boden nennt man die oberste Verwitterungskruste der Gesteine, die mit organischen Zersetzungsprodukten der Pflanzen und Tiere vermengt ist und wie die Vegetation einen Endzustand der Entwicklung unter gegebenen Klimabedingungen (Klimax) erreicht. Ein „Bodenprofil" be-

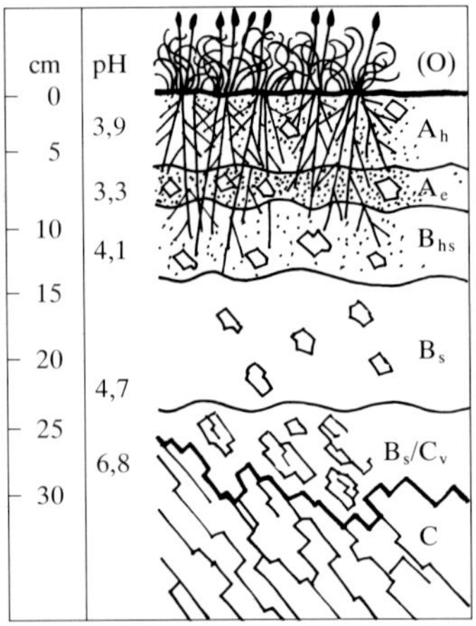

Abb. 14 Bodenprofil unter Krummseggenrasen.

steht aus mehreren Schichten (Horizonten), von der unzersetzten Streuauflage der Bodenoberfläche (O_l), über einen ± dunklen, stärker zersetzten, überwiegend organischen Humushorizont (A_h) bis zur überwiegend mineralischen Verwitterungsschicht (B_v) des Grundgesteins (C). Am Beginn jeder Bodenentwicklung steht die Verwitterung: im Gebirge v. a. physikalisch durch Spaltenfrost, chemisch durch Lösungs- und Umwandlungsprozesse an den Mineralien durch Niederschlagswasser und Kohlensäure (v. a. im Kalk und Dolomit wichtig). Bei Silikatgesteinen führt Hydrolyse zur Neubildung von Tonmineralen (kristallisierte Schichtsilikate: v. a. SiO_2: 20–50%, Al_2O_3: 10–40%), welche quellbar sind und als Ionenaustauscher eine wichtige Rolle im Bodenchemismus spielen. Die organische Substanz stammt von abgestorbenen Pflanzenteilen und Tierresten. Sie wird durch Bodentiere zerkleinert und von Mikroorganismen abgebaut. Durch Polymerisation dieser Zwischenprodukte entstehen die Huminstoffe, welche meist stabile Verbindungen mit den Tonmineralen eingehen, wodurch der weitere Abbau gebremst wird. Diese meist dunkel gefärbten, komplizierten organischen Verbindungen, die keine erkennbaren Strukturen mehr zeigen und sich in den obersten Dezimetern des Bodens angehäuft finden, nennt man Humus. Die Mächtigkeit des Humushorizonts und das Gleichgewicht zwischen Nachlieferung und Abbau der organischen Substanz – die „Mineralisierung" (Rückführung in von Pflanzen aufnehmbare anorganische Ionen) – hängen v. a. von den Klimabedingungen ab. Sie werden durch hohe Temperaturen und Sauerstoff gefördert, durch Wasser (Luftabschluß) gehemmt. Humus ist nicht nur wichtig für das Porengefüge des Bodens (Luft- und Wasserhaushalt) sondern liefert auch Wirkstoffe (Vitamine, Auxine) für das Pflanzenwachstum. Die Bodenatmung ist ein Maß für die biologische Aktivität eines Bodens (seiner Kleinlebewelt: Bakterien, Pilze, Algen, Protozoen, Würmer, Insekten u. a.).

Über verschiedenen Ausgangsgesteinen entstehen verschiedene Bodentypen, deren Eigenschaften wesentlich die Vegetationsverteilung bestimmen. Neben dem Kalziumgehalt des Bodens gibt v. a. der **Säuregrad** (Bodenazidität) einen wichtigen Anhaltspunkt. Die saure Reaktion des Bodens entsteht durch Überschuß an H^+-Ionen, ausgedrückt als pH-Wert (Skala von < 3 = extrem sauer über 7 = neutral bis ± 11 = extrem alkalisch). Die Spannweite alpiner Böden reicht von etwa pH 3 *(Curvuletum)* bis pH 8 (Kalkrohböden). Die H^+-Ionen stammen aus der Atmung der Pflanzen, der im Niederschlagswasser gelösten Kohlensäure und aus dem sauren Regen. Lange Zeit hat man die Bodenazidität für einen primär auf die Pflanzen wirkenden ökologischen Faktor gehalten. Tatsächlich ist die Wirkung aber eine indirekte, über die vom pH-Wert abhängige Löslichkeit und damit Aufnehmbarkeit der Ionen auf die Ernährung der Pflanzen. Der Wasser- und Nährstoffstrom aus dem Boden in die Pflanze, der v. a. von der Transpiration der Blätter in Gang gehalten wird, ist für manche Stoffe eine Einbahn. Nur ein Teil der angelieferten Mineralstoffe kann in den Aufbau neuer Zellen investiert werden, ein Teil wird unverbraucht in den alten Blättern abgelagert. Bei

Abb. 15 Gneisfelsspalte mit beginnender pflanzlicher Besiedlung, Preißelbeere *(Vaccinium vitis-idaea)*

der Aufnahme der Ionen aus der Bodenlösung kann die Pflanze in einem gewissen Umfang sowohl „auswählen", d. h. in sehr geringer Menge vorhandene Ionen anreichern, als auch bei Überschuß einzelner Ionen deren Aufnahme bremsen, aber nicht verhindern. Dieses Problem stellt sich bei den Alpenpflanzen v. a. im Kalkgebirge. **„Kalkpflanzen"** sind also Stoffwechselspezialisten, die gelernt haben, mit dem Überschuß an Ca^{2+}-Ionen fertig zu werden. Die ± passiv eingeschleppten und im Überschuß daher für alle Nichtspezialisten giftigen Ca^{2+}-Ionen können von Kalkpflanzen unschädlich gemacht werden. Entweder geschieht dies durch Neutralisierung des Ca mit Oxalsäure (Anhäufung von Ca-Oxalat-Kristallen – viele Nelkengewächse) oder durch Verbindung mit Apfelsäure (Malatbildner), wodurch die Saugkraft der Gewebe erhöht wird (vorteilhaft für Bewohner trockener Kalkböden: *Anthyllis vulneraria, Brassicaceae*) (KINZEL, 1982). Am besten geht es den Pflanzen also bei annähernd neutraler Bodenreaktion und gut ausbalanciertem Mineralstoffangebot. In den beiden Grenzbereichen kommen sie stets in Schwierigkeiten. Bei stark saurer Bodenreaktion sind zwar die wichtigsten Mineralstoffe (K, P, Fe) als Ionen in Lösung und daher gut aufnehmbar, sie werden aber auch leicht durch Sickerwasser in die Tiefe transportiert. Die Aufnahme von N_2 ist in stark sauren Böden behindert. In alkalischen Kalkböden sind die Nährstoffe fester gebunden, daher von der Pflanze schwerer aufnehmbar, aber auch vor Auswaschung sicher. P, Fe, Mn sind nur im sauren Bereich löslich, daher kommen auf basischen Böden eher Mangelkrankheiten (Chlorosen) vor. Das alte Problem der im Kalk- und Silikatgebirge so verschiedenen Flora und ihrer Ursachen ist also sehr komplex und im Detail noch nicht ganz geklärt. Klar scheint, daß jede Pflanze ihre ganz besonderen Bodenansprüche und Stoffwechselreaktionen besitzt. Je weniger diese erfüllt werden, umso schwerer wird sie sich im Konkurrenzkampf gegen andere Pflanzen durchsetzen können. Dies bestätigen auch die vergleichenden Versuche von GIGON (1983) mit Pflanzen saurer Bürstlingrasen (*Nardetum* – über Gneis gewachsen) und Blaugrasrasen (*Seslerietum* – über Dolomit): Von 64 Arten des *Nardetums* können 34 nicht im *Seslerietum* wachsen (Kalkgehalt). Von 65 Arten des *Seslerietums* können nur 9 wegen der Bodenchemie nicht im *Nardetum* wachsen, aber 31 Arten sind durch schwache Konkurrenzkraft aus dem Bürstlingrasen ausgeschlossen.

Die wichtigsten Bodentypen der alpinen Stufen sind in ihrer Ausbildung und ihrem Reifegrad von Höhenlage und Klima abhängig (v. a. aber vom Ausgangsgestein). Es gibt folgende Entwicklungsreihen:

über **Silikat:** ausgehend vom „alpinen Silikatrohboden" bilden sich Ranker (Lithosole) mit dem Profil A_h/C. Die Weiterentwicklung führt meist zu „alpinen Rasenbraunerden" ($A_h/B_v/C$) ohne Kalk oder bei größerer Nässe zu alpinen Rasenpodsolen ($A_h/A_e/E_{sh}/C$) (Auswaschung und Verlagerung von Fe, Al und Huminstoffen nach unten). Alpine Rasenbraunerden sind unter *Curvuleten,* z.T. auch unter *Elyneten* zu finden.

über **Kalk und Dolomit:** Aus Rohböden (Protorendzina) bilden sich verschiedene Varianten von „Humuskarbonatböden" (Rendzina), v. a. die „alpine Pechrendzina": tiefschwarze, feuchte, mineralreiche A_h/C-Böden (unter *Firmeten,* 2000–2600 m) oder an warmen Hängen die verbraunte Rendzina (unter *Seslerio-Semperviretum*). In höheren Lagen (2400–3300 m) kommen Humusansammlungen fast nur in bzw. unter Polsterpflanzen vor: Graue Polsterrendzina (mineralreich) oder Schwarze Polsterrendzina (mineralarm). Über Kalk-Silikatgesteinen kann sich aus der Pararendzina eine alpine Rasenbraunerde (mit schwachem Ca-Gehalt) oder ein alpiner Rasenpodsol bilden.

Von großer Bedeutung ist hier die $CaCO_3$-Nachlieferung durch Flugstaub. Wie zuerst JENNY (1926) im Schweizer Nationalpark, neuerdings GRUBER (1980) im Glocknergebiet nachweisen konnten, werden aus dem leicht zermürbenden Kalkphyllit gewaltige Mengen Feinmaterial durch den Wind verfrachtet (bis 18000 kg/ha/Jahr). Das entspricht einer normalen Kalkdüngung von 1400 kg Ca!

Die Bodenbildung unter „Schneeböden" stellt einen Sonderfall dar. Durch Schmelzwasser über dem noch gefrorenen Unterboden längere Zeit staunaß, entstehen unter Luftabschluß sehr mineralreiche, schwarzgraue, nicht torfige Böden, aus denen das Eisen verlagert und schließlich ausgewaschen wird: Schneetälchen-Anmoor (FRANZ 1979), Alpiner Pseudogley.

Sehr wichtig im Hochgebirge ist die Wirkung des Frostes auf den Boden. Mischungsvorgänge durch Frieren und Wiederauftauen (Kryoturbation) und Bodenfließen (Solifluktion) können zur Bildung von Vegetationsmustern führen (s. S. 114/115).

Gipfelregion des Mt. Baldo (ca. 1800 m über dem Gardasee), die stets eisfrei war. In der Kalkfelswand der weißblühende Tombea-Steinbrech *Saxifraga tombeanensis,* eine Pflanze der voreizeitlichen Alpenflora.

Florengeschichte

Bedingt durch die andere Lage der Kontinente (früher als „Polwanderung" interpretiert), lag der Großteil der Nordhemisphäre (bis in die heutige Südarktis) und damit auch das Umfeld der gerade entstehenden Alpen im frühen Tertiär im Bereich eines subtropischen Klimas (Jahresmitteltemperatur 22°) mit entsprechenden immergrünen Wäldern. Palmen, Lorbeergewächse, Brotfrucht- und Feigenbäume, epiphytische Bromelien, Baumfarne und tropische Seerosen prägten diese Vegetation. Nach Norden zu – also in der heutigen Arktis – schloß sich ein Mischwaldgürtel aus Laub- und Nadelbäumen an. Hier wuchsen Gattungen, wie sie heute noch – aber viel weiter im Süden – die eurasiatischen und amerikanischen Wälder beherrschen (Föhren, Fichten, Eichen, Buchen, Ahorne, Linden, Eschen).

Einige Sippen sind inzwischen in Europa ausgestorben, in Amerika und Asien aber erhalten geblieben: Sumpfzypresse, Mammutbaum, Magnolien, Tulpenbaum, Teegewächse u. v. a. Diese Pflanzenwelt ist uns aus zahlreichen Fossilfundstätten erhalten geblieben. Bereits damals muß sich in den kälteren Höhenlagen der jungen Gebirge eine ganz andere, wohl überwiegend krautige Flora entwickelt haben. Die Entstehung der eigentlichen Hochgebirgspflanzen ist als ein über Millionen Jahre dauernder Prozeß der äußeren und v. a. der inneren Anpassung (Erwerb von Kältetoleranz der Zellen) zu denken, der in sehr vielen winzigen Schritten der allmählichen Umstellung der Lebensbedingungen folgte. In Perioden mit relativ ungünstigen, kurzfristig stark wechselnden Umweltbedingungen (Klimaschwankungen und Neulandbildung: Gebirge, Gletscherrückzug) kommt es zu einer Beschleunigung der „Biotypen"-Bildung durch natürliche Kreuzungen (Hybridisierung) und Vermehrung des Chromosomensatzes (Polyploidie) (EHRENDORFER, 1962). Erhöhte Streßbelastung bedeutet also für die Pflanzen nicht notwendigerweise eine Katastrophe, sie ist vielmehr ein wichtiges „Anpassungstraining" (LARCHER, 1980), wobei die angepaßten Formen erhalten bleiben, die nichtangepaßten dort zugrunde gehen. Dabei fällt auf, daß aus dem ungeheuer großen genetischen Reservoir nur wenige Familien diese Umstellung geschafft haben, z. B. *Poaceae, Cyperaceae, Caryophyllaceae, Ranunculaceae, Brassicaceae, Rosaceae, Papilionaceae, Scrophulariaceae, Asteraceae.*

Eine ähnlichen Anpassung war ja auch erforderlich, als die wohl sicher in den Tropen entstandenen ursprünglichen Samenpflanzen in gemäßigte Klimazonen mit kalten Wintern vordrangen. Modelle, nach denen diese Entwicklung verlaufen sein könnte, sehen wir in den Hochlagen äquatorialer Gebirge mit täglichem Frostwechsel (LARCHER, 1980), aber auch in subtropischen Gebirgen (Himalaya) mit einer kontinuierlichen Höhenstufenfolge von immergrünen Bergregenwäldern mit Hochstaudenunterwuchs über niedrige Gebirgsstauden der subalpinen Stufe bis zu voll angepaßten echten Hochgebirgstypen (Oreophyten, DIELS, 1910). Beispiele finden sich etwa in den Gattungen *Delphinium, Primula, Gentiana.* Von diesen frühen Entwicklungsstufen der tertiären Alpenflora ist in Europa wohl nichts erhalten geblieben. Vor etwa 30 Millionen Jahren begann das Klima kälter zu werden. Als Folge verzeichnen wir das allmähliche Aussterben subtropischer und wärmeliebender Bäume bzw. ein „Auswandern" nach Süden – wo dies ohne Hindernisse möglich war (Amerika, Asien). In Europa konnten sich nur ganz wenige Sippen als Relikte am Balkan erhalten (z. B. Roßkastanie, Flieder, Omorika-Fichte). Im mittleren Tertiär begann weltweit auch die Ausbreitung von Trockenzonen (Hartlaubvegetation des Mittelmeerraumes, kontinentale Steppen und Wüsten Afrikas und Asiens), die stellenweise auch ins Gebirge emporreichen. Wenn wir die heutigen Ballungszentren von Artenzahlen und Formenmannigfaltigkeit vieler bekannter Alpenpflanzengattungen suchen, so finden wir v. a. drei Räume, die als Entwicklungsgebiete für die Herkunft der heutigen Alpenflora von Bedeutung sind: Hochasien (Himalaya, Altai), Südeuropa mit Afrika und die Arktis. Am

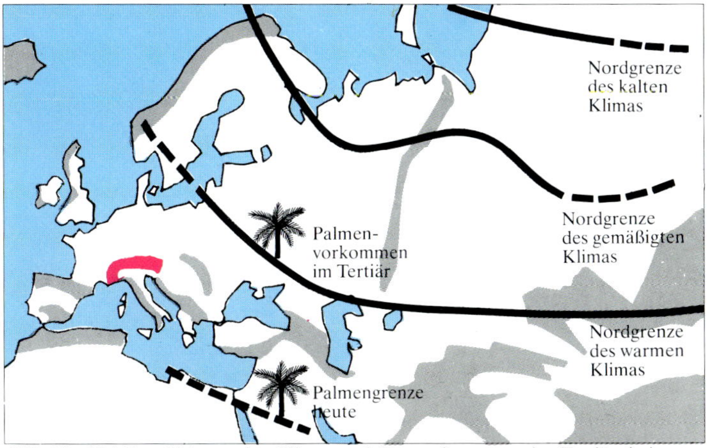

Abb. 16 Süd-Verschiebung der Klima- und Vegetationszonen im Tertiär (seit etwa 70 Mill. Jahren) nach TERMIER 1952

Abb. 17 *Bergenia cordifolia*
Altai-Bergenie

Abb. 18 *Saxifraga oppositifolia*
Roter Steinbrech

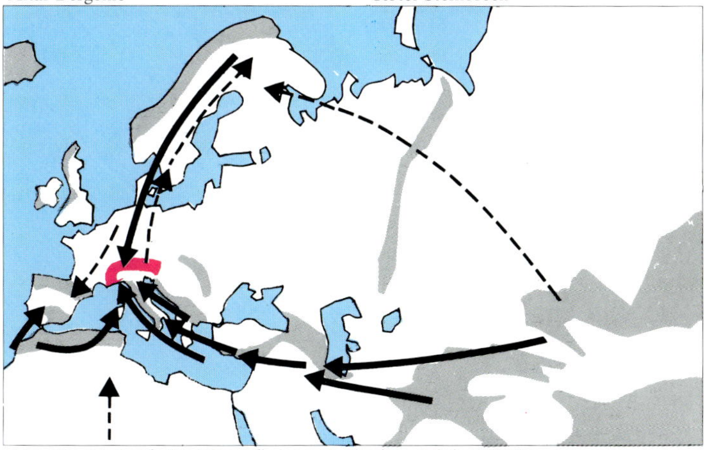

Abb. 19 Herkunft der Alpenpflanzen: Hochasien, Arktis, Mittelmeerraum

Ende der Tertiärzeit muß der größte Teil der alpinen Flora – den heute lebenden Formen wohl bereits sehr ähnlich – ± fertig entwickelt gewesen sein. In der letzten Phase, vor etwa 2 Millionen Jahren, begann sich der Prozeß der Abkühlung der Erde dramatisch zu beschleunigen: in vielen Teilen der Welt bildeten sich mächtige Eisdecken. Die Vegetation des Alpeninneren wurde dabei großflächig zerstört, doch konnten – so wie heute in der Nivalstufe – günstige südexponierte Nischen zahlreichen Pflanzen Lebensmöglichkeit geboten haben. In mehrfachem Wechsel zwischen Kaltzeiten mit völliger Vergletscherung und Warmzeiten (Interglazialen) mit Eisrückzug und vollständiger Wiederbesiedlung durch die Lebewelt ist der spättertiäre Grundstock der Alpenflora wohl stark verändert worden, aber die ursprüngliche Verbreitung läßt sich aus den heutigen, oft zerstückelten Arealen meist noch ablesen (MERXMÜLLER, 1952). V. a. die oft sehr kleinen Wohngebiete altertümlicher Sippen am stets unvergletscherten Alpensüdrand („Reliktendemiten“) sind beredte Zeugen dieser Geschichte (PITSCHMANN & REISIGL, 1958). Manche Arten sind erst in der letzten Eiszeit aus dem Alpenraum verschwunden (*Rhododendron ponticum*) oder konnten durch glückliche Zufälle bis heute an wenigen Punkten überleben (*Saxifraga arachnoidea* im Gardaseegebiet, Abb. 23). In kühl-trockenen Klimaperioden wanderten Pflanzen aus Südsibirien (Zirbe, *Linnaea*) oder den Bergsteppen Hochasiens in die Alpen ein (Nacktriedrasen-*Elynetum* mit Edelweiß, Edelrauten, Alpenscharte, Traganth-Arten). Der letzte Abschnitt der Florengeschichte, die

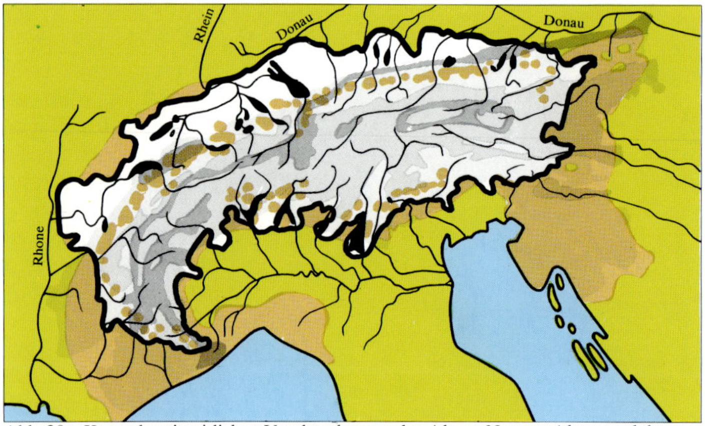

Abb. 20 Karte der eiszeitlichen Vergletscherung der Alpen. Nur am Alpenrand, besonders im Süden blieben größere Gebiete stets eisfrei und wurden Zufluchtsorte (Refugien) der tertiären Uralpenflora.

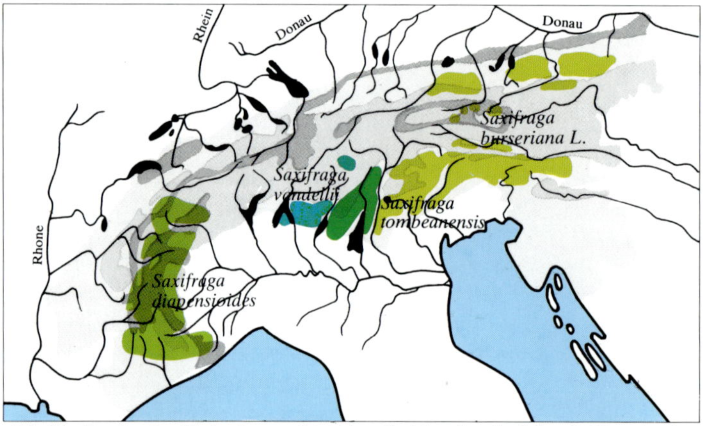

Abb. 21 Das heutige Verbreitungsgebiet (Areal) vieler altertümlicher Reliktendemiten zeigt deutlich die Bindung an die unvergletscherten Refugien.

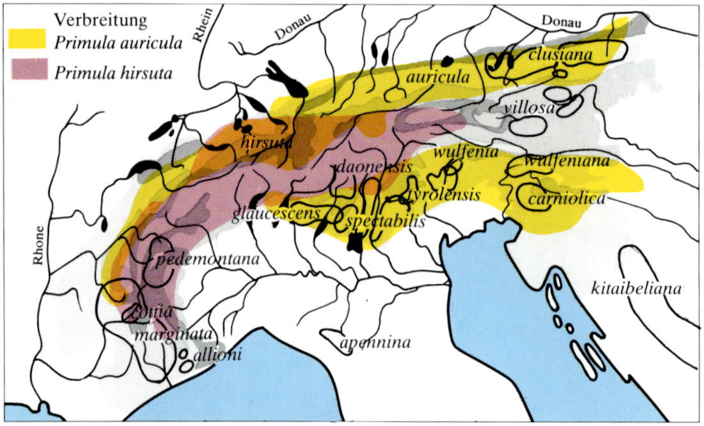

Abb. 22 Die roten Primeln der Sektion *Arthritica* (Vorfahren aus dem Himalaya stammend) zeigen am Merkmalsgefälle die Einwanderungsrichtung von Osten (älteste Arten) nach Westen (jüngste Arten). Nach KRESS (1963).

Nacheiszeit (Postglazial), begann nach dem endgültigen Gletscherrückzug vor etwa 13000 Jahren. Tundren- und Gebirgspflanzen wurden durch den wiederaufkommenden Wald auf jene Standorte abgedrängt, die für Baumwuchs ungeeignet sind: Fels, Schutt und die Gipfelregion. So entstand erst in den letzten paar tausend Jahren das heutige Bild der horizontalen Verteilung und vertikalen Stufung der Alpenvegetation, wobei kleinere Klimaschwankungen sich v. a. in Höhenschwankungen der Waldgrenze niederschlugen.

M. JEROSCH (1903) hat 420 Alpenpflanzen der Schweiz nach ihrer heutigen Verbreitung zusammengestellt. 158 Arten (37%) sind in den europäischen Gebirgen, 64 Arten (15%) ausschließlich in den Alpen verbreitet, der Rest auch in Asien, der Arktis oder in Südeuropa.

Erst im letzten Jahrtausend wurden auch die inneren Alpentäler besiedelt, Waldrodungen schufen Platz für Äcker, Wiesen und Weiden. Die letzten 30 Jahre Alpen-Erschließung mit Bergstraßen, Seilbahnen und Schipisten haben zum Andrang großer Menschenmassen und damit zu weitreichender Störung und Zerstörung der alpinen Vegetation geführt. Abgase und Lärm sind mehr und mehr an die Stelle von Einsamkeit und Stille getreten. Es ist also hoch an der Zeit, diese Entwicklung zu stoppen und durch vernünftige Schutzmaßnahmen den verbliebenen Rest alpiner Landschaft und Vegetation zu erhalten.

„In den Karten Abb. 21 und 22 sind Verbreitungsmuster von Alpenpflanzen (*Primula*: West-Ost; *Saxifraga burserana*: Süd-Nord) dargestellt, die entweder mit verschiedenen Bodenansprüchen (Kalk-Silikat), verschiedenen Klimabedingungen oder der Lebensgeschichte erklärt werden können."

Abb. 23 *Saxifraga arachnoidea* Spinnweb-Steinbrech, ein Relikt aus der Tertiärzeit, im Gardasee-Gebiet erhalten. Er wächst unter Felsvorsprüngen an besonders bodentrockenen aber sehr luftfeuchten Standorten (s. Abb. 255). Die extrem langen Drüsenhaare haben hier eine wichtige Funktion im Wasserhaushalt der Pflanze. Nahe Verwandte leben noch in Südspanien und auf der Krim.

Gebirgsklima

Eigenschaften und Wirkungen

Es ist zu unterscheiden zwischen dem Großklima (abhängig von der Breitenlage und der Meereshöhe), wie es von den Meteorologen in der Wetterhütte (2 m über dem Boden) gemessen und mit Klimadaten veröffentlicht wird (s. Abb. 24) und dem „Klima der bodennahen Luftschicht“ (GEIGER, 1968), heute meist Mikroklima oder – auf die Vegetation und ihre Struktur bezogen – Bestandesklima genannt. Die Großklimadaten entsprechen etwa dem, was der Mensch als „Witterung“ (Kälte, Wärme, Feuchte, Wind) empfindet. Die Mikroklimasituation der Gebirgspflanzen ist davon meist krass verschieden (im allgemeinen begünstigt) und zudem starken Änderungen auf kurzen Entfernungen unterworfen. Erst seit wir mit sehr feinen Meßfühlern auch im Kleinbereich eines Spalierteppichs oder Polstermooses dieses Bestandesklima erfassen können, wissen wir, daß es den Gebirgspflanzen zwar nicht so gut geht wie den Talpflanzen, aber auch nicht so schlecht, wie man geglaubt hatte (Tab. S. 28).

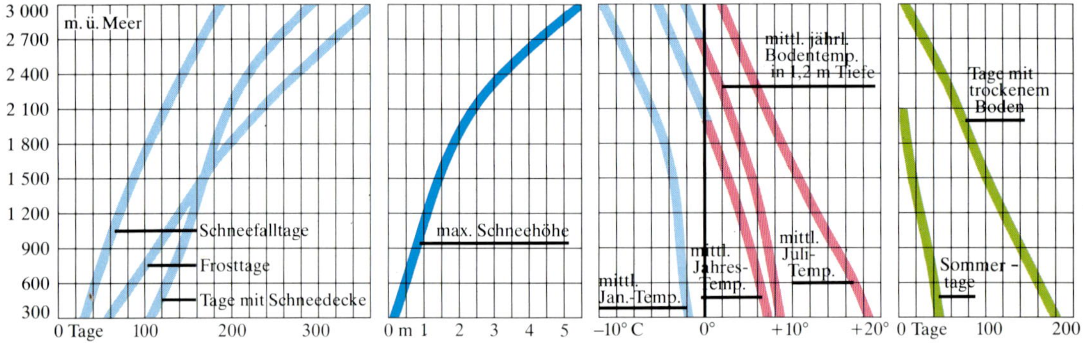

Abb. 24 Änderung verschiedener Klimafaktoren mit der Meereshöhe (nach TURNER, 1970)

1. Die Pflanze ist am Hochgebirgsstandort häufigem und teils schroffem **Wechsel der klimatischen Faktoren** ausgesetzt. Der Übergang der Jahreszeiten vollzieht sich sehr schnell: in Höhen über 3000 m folgt auf einen sehr langen Winter nach der Schneeschmelze Ende Juni für 2–3 Monate Blühen und Wachstum – Frühling, Sommer und Herbst in einem (Abb. 29). Die Vegetationszeit wird mit zunehmender Meereshöhe immer kürzer (um ca. 1 Woche/100 m) und kälter. Die auffallendste Vegetationsgrenze im Gebirge ist die Obergrenze des Waldes. Sie liegt am Alpenrand bei etwa 1800 m, im Alpeninneren bei ca. 2200 m ungefähr dort, wo an mindestens 100 Tagen die Mitteltemperatur über 5° C liegt. G. WAHLENBERG (1816) hat für die baumfreien Hochlagen die Bezeichnung **Regio alpina = Alpine Stufe** eingeführt.

2. **Strahlung:** Die Einstrahlung bei Tag und die nächtliche Ausstrahlung sind im Hochgebirge bei klarem Himmel deutlich stärker als in Tallagen. Die Globalstrahlung erreicht im Hochgebirge bei Schönwetter weit höhere Spitzenwerte, die UV-Strahlung (280–320 nm) nimmt zu. Ursache ist die dünnere, reinere und wasserdampfärmere Luft. Die Strahlungssummen in dem für die Photosynthese nutzbaren Spektralbereich (photoaktive Strahlung = PhAR, 400–700 nm) sind jedoch im Tal und in Hochlagen sehr ähnlich: In Innsbruck (582 m) beträgt die Summe der Globalstrahlung 155 440 J (= 100%), auf dem Sonnblick (3106 m) 116,5% (WINKLER & MOSER 1967). Größere Bewölkungshäufigkeit im Gebirge!

3. Die **Temperatur** von Luft und tieferen Bodenschichten nimmt mit der Meereshöhe ab (Mittel um 0,6° C/100 m). Andauer und Stärke von Frost – auch während der Vegetationsperiode – nehmen zu. Über 3000 m ist auch im Sommer zu jeder Zeit Frost möglich.

Abb. 25 M. Cristallo 3216 m. In der Nivalstufe schmilzt der Winterschnee im Sommer nicht mehr ab, es bilden sich Gletscher. Nur Felswände und südseitige Schutthänge bleiben der spärlichen Besiedlung durch Pflanzen zugänglich.

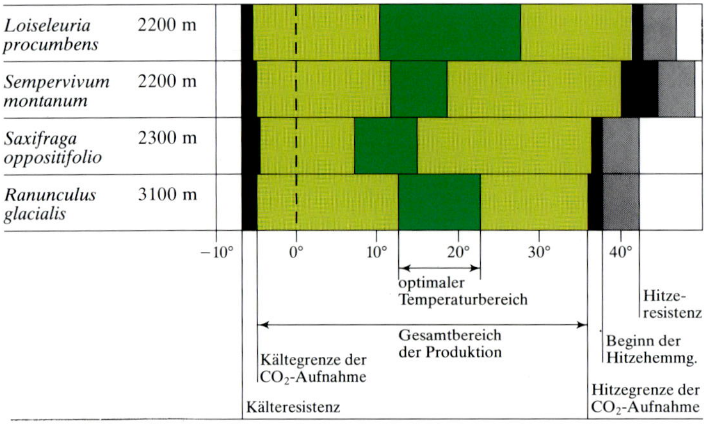

Abb. 26 Temperaturgrenzen des Lebens und der Photosyntheseaktivität von Leitpflanzen der alpinen und nivalen Stufe (verändert nach LARCHER 1980).

Pflanze	Kältegrenze der CO_2-Aufnahme	Temperatur-optimum der Nettophoto-synthese	Beleuch-tungs-optimum	Maximale Intensität der Nettophoto-synthese
Cerastium uniflorum	−5° C	15–20° C	30 klx	35 mg CO_2/g/h
Ranunculus glacialis	−6° C	18–25° C	60–70 klx	20–26 mg CO^2/g/h
Saxifraga bryoides	−5° C	10–15° C	30–40 klx	10 mg CO_2/g/h
Saxifraga moschata	−5° C	10–15° C	30–40 klx	12–15 mg CO_2/g/h
Tanacetum alpinum	−6° C	20–30° C	90–100 klx	20 mg CO_2/g/h

Abb. 27 Kältegrenze, optimale Temperatur- und Beleuchtungsstärke sowie maximaler Stofferwerb von Nivalpflanzen am Standort (nach MOSER et al. 1977, verändert).

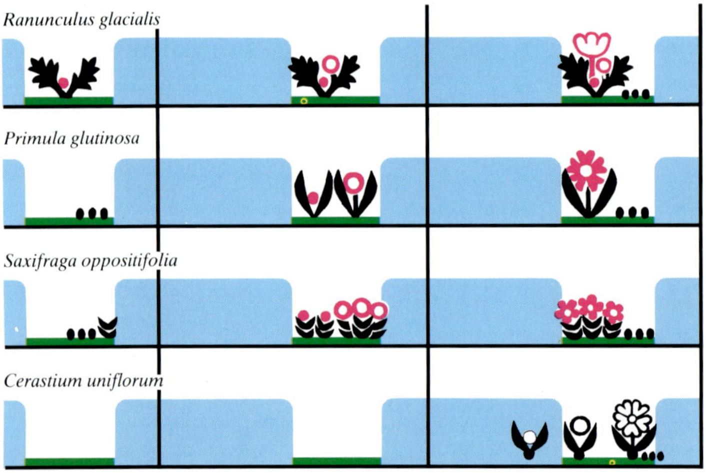

Abb. 28 Zeitliche Dehnung der Blütenentwicklung von Hochgebirgspflanzen: Von der ersten Blütenanlage bis zum Öffnen der fertigen Blüte vergehen bei *Ranunculus glacialis* 2 Jahre, *Primula glutinosa* und *Saxifraga oppositifolia* legen die Blütenknospen im Vorjahr an. *Cerastium uniflorum* braucht für die Blütenentwicklung am wenigsten Zeit.

Die Temperaturextreme werden schärfer: Zu Beginn (Frühling) und Ende (Herbst) der Produktionsperiode herrscht häufig Frostwechselklima: Erwärmung von Bodenoberfläche und Pflanzen bei Tag (bis 40° C), Frost bei Nacht bis −10° C. Die Temperaturdifferenz zwischen Pflanzen und Luft kann im Gebirge bei Strahlungswetter etwa 20–25° C betragen.

4. **Wasserhaushalt:** Niederschläge und Schneeanteil nehmen mit der Höhe zu (Abb. 24), ebenso die Bewölkung im Gipfelbereich: dies führt zu Lichtminderung und Temperaturausgleich. Die absolute Niederschlagsmenge ist im Alpenrandstau höher als im Alpeninneren.

In 2000 m: 2500 mm N. gegenüber 1500 mm. – In 3000 m: 2800 mm N. gegenüber 2000 mm (Abb. 12). Die allgemeine Verdunstung (Evaporation) einer freien Fläche nimmt mit der Höhe wegen dem abnehmenden Wasserdampfgehalt der Luft und als Folge des Windes theoretisch zu. Die Transpiration der Pflanzen hängt aber von der Temperaturdifferenz zwischen Blattinnerem und Außenluft ab. Bei starker Einstrahlung und hoher Temperatur kann es kurzfristig zu stärkerer Verdunstung, die aber selten zu kritischen Situationen im Wasserhaushalt kommen.

5. Die **Abnahme des Luftdrucks** mit der Meereshöhe wirkt v. a. über die Abnahme des $C0_2$-Partialdrucks auf die Stoffproduktion der Pflanze (KÖRNER u. DIEMER 1987).

6. **Wind:** Häufigkeit und Stärke nehmen mit der Höhe zu. Doch ist die direkte Wirkung durch erodierendes Eis- und Sandgebläse (Schäden an „Windecken"-Gesellschaften: *Loiseleurietum, Elynetum*) weniger wichtig als die in-

direkte. Der Wind verteilt nämlich den Winterschnee im Geländerelief. Die winterliche Schneeverteilung spiegelt sich in Mustern der Vegetation wider, die von der Länge der Aperzeit (Produktionsperiode) abhängen (KÖLBEL 1984 und Abb. S. 23).

7. **Exposition** (Nordseite/Südseite): Verschiedene Einstrahlungswinkel der Sonne bedingen einen unterschiedlichen Wärmegenuß. Mit der Meereshöhe wird

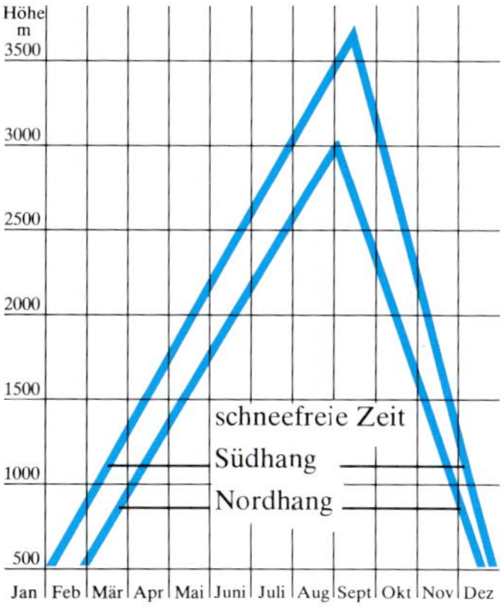

Abb. 29 Verkürzung der Vegetationsperiode mit der Meereshöhe (nach SCHRÖTER 1926).

die Differenz zwischen Nord- und Südseite immer größer. Das Mikroklima (mit starken Unterschieden auf kurzen Entfernungen) kann den Einfluß von Großklima und Meereshöhe überspielen und über die Lebensmöglichkeit am Standort entscheiden.

8. **Boden** und Ernährung: Bei den relativ tiefen Bodentemperaturen im Gebirge ist die Aktivität der Mikroorganismen herabgesetzt, der Abbau der Pflanzenstreu gehemmt und damit die Nachlieferung mineralischer Grundnährstoffe (N, P) verzögert. Die Symbiose der Wurzeln der meisten Gebirgspflanzen mit Pilzen (Mykorrhiza) verbessert v. a. die N-Versorgung (READ & HASELWANDTER 1986).

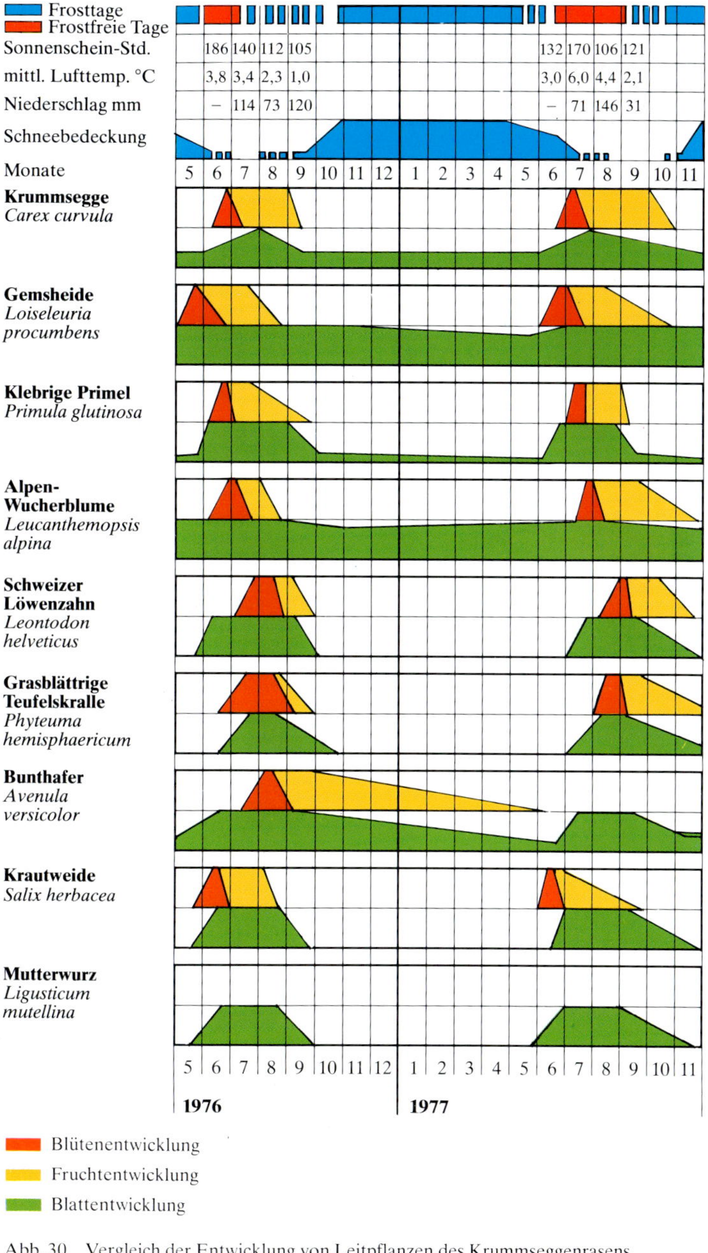

Abb. 30 Vergleich der Entwicklung von Leitpflanzen des Krummseggenrasens *(Curvuletum)* in Abhängigkeit vom Witterungsverlauf in 2 klimatisch verschiedenen Jahren. (Nach HOFER 1979, verändert).

Tabellen und Grafiken dieser Doppelseite beziehen sich auch auf Texte in den Kapiteln Lebensformen und Nivalstufe.

Lebensformen

Anpassungsreaktionen der Pflanzen

1. Der Vielzahl der „Standortsnischen“ entsprechen ebensoviele oder sogar noch mehr angepaßte pflanzliche Wuchs- und Lebensformen (s. S. 24). Drei Gruppen von Wuchsformen erweisen sich als besonders hochgebirgstüchtig: die Rosettenstauden, die Polsterpflanzen und die horstbildenden Süß- und Sauergräser. Erweitern wir den morphologischen – nach dem Bauplan – definierten Begriff der Wuchsform um die äußerlich unsichtbaren „ökophysiologischen Eigenschaften der inneren Konstitution“ (LARCHER 1983) zur alles einschließenden **„Lebensform“**, so erhalten wir eine Vielzahl verschiedener Pflanzentypen, die auf unterschiedliche Weise an die besonderen, jeweils verschiedenen Lebensbedingungen im Hochgebirge (Wärmemangel und Kürze der Produktionszeit) angepaßt sind. Eine „ideale Gebirgspflanze“ gibt es also nicht, wohl aber zahlreiche gut angepaßte Lebensformen. Die kalte und kurze Vegetationsperiode hat ganz allgemein verringerte Aktivität aller Lebensvorgänge und damit auch langsames Wachstum und zeitliche Dehnung der Blütenentwicklung auf 2 Jahre zur Folge. Die auffallende Anhäufung von Reservestoffen dient wohl nur teilweise als Energiespeicher für die Blüten- und Samenproduktion. Die besonders energiereichen Fette werden nur zum kleinen Teil für Wachstum und Entwicklung mobilisiert, sondern gelangen meist mit den toten Blättern in die Streu. Dies könnte aber auch z. T. das Ergebnis von „Stoffwechsel-Ungleichgewichten“ sein, da durch die Photosynthese mehr Nährstoffe produziert werden als durch das langsame Wachstum in neue Organe investiert werden können. Der Mangel an bestäubenden Insekten hat im Bereich der geschlechtlichen Fortpflanzung den Übergang von Fremd- zur Selbstbestäubung bewirkt. Samenproduktion und Überleben der Keimlinge sind in der Nivalstufe nur in günstigen Jahren möglich. Die Blühreife mancher Gebirgspflanzen wird oft erst nach zehn oder mehr Jahren erreicht. Befruchtung und Samenbildung werden schließlich ganz aufgegeben, die Vermehrung erfolgt überwiegend vegetativ, durch Ausläufer (*Geum reptans*), Brutknospen, *(Polygonum viviparum)*, Zerfall von Sproßbündeln in Tochtertriebe *(Carex, Sesleria(* oder Bildung von Tochterrosetten *(Semperv.)*. Der Wind ist wichtigster Träger von Verbreitungseinheiten.

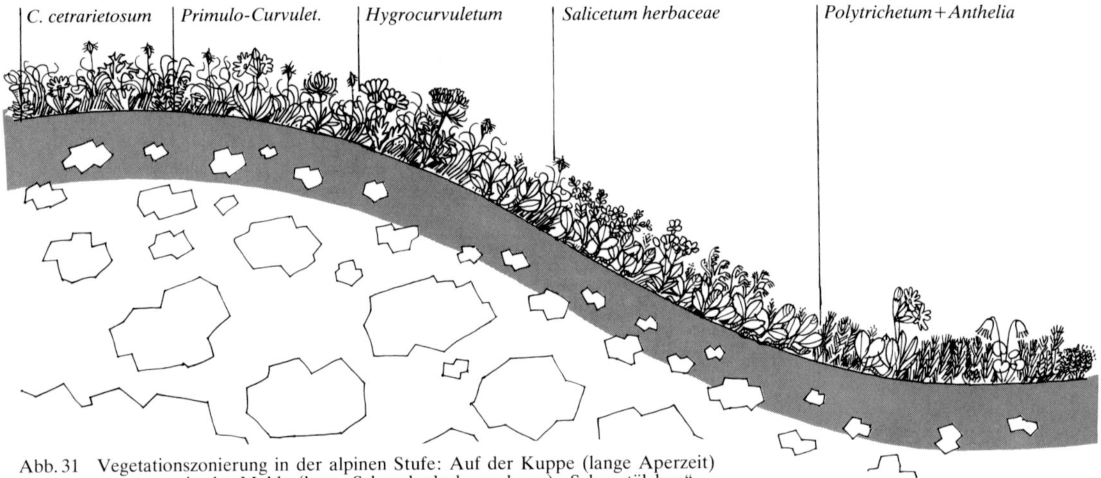

Abb. 31 Vegetationszonierung in der alpinen Stufe: Auf der Kuppe (lange Aperzeit) Krummseggenrasen, in der Mulde (lange Schneebedeckungsdauer) „Schneetälchen“ – Vegetation. (nach DIERSSEN 1984, verändert)

Abb. 32 Der typische Vegetationskomplex der alpinen Stufe wird im Juni durch die Ausaperungsmuster sichtbar.

Abb. 33 Einfluß von Wind und Exposition auf die Schneeverteilung im Gelände relief

Winter

Bei Windstille wird gleichmäßig auf Kuppen und in Mulden abgelagert.

Durch den Wind wird der Schnee von den Kuppen in die Mulden geblasen.

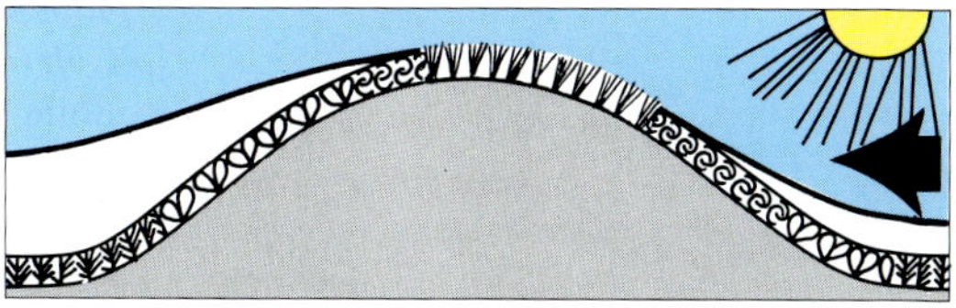

Je nach Windrichtung kann die Schneeanhäufung auf der Sonnseite oder auf der Schattseite liegen.

Juni

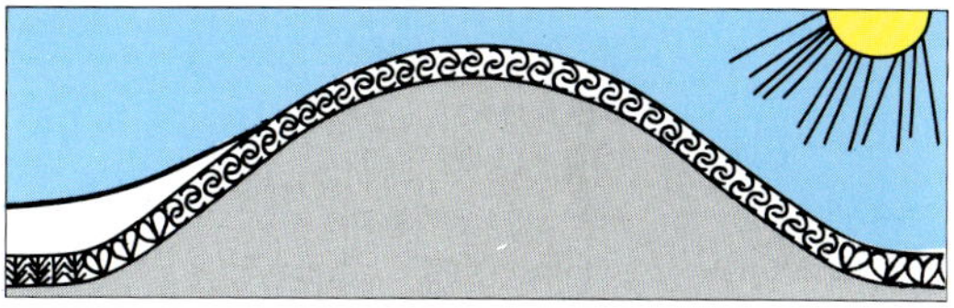

Der Schnee schmilzt an der Sonnseite viel früher ab.

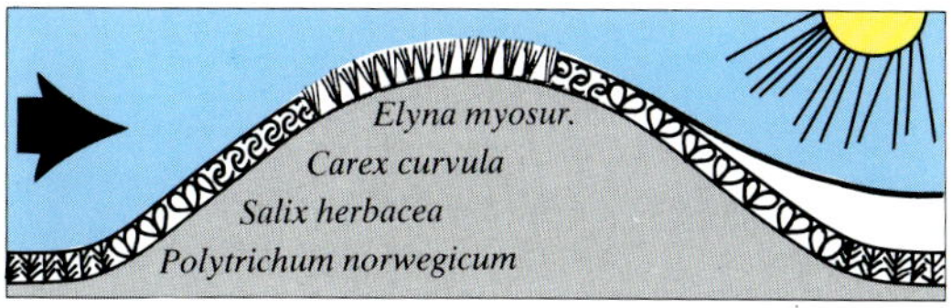

Die windexponierte Schattenseite wird früher aper als die besonnte Lee-Seite.

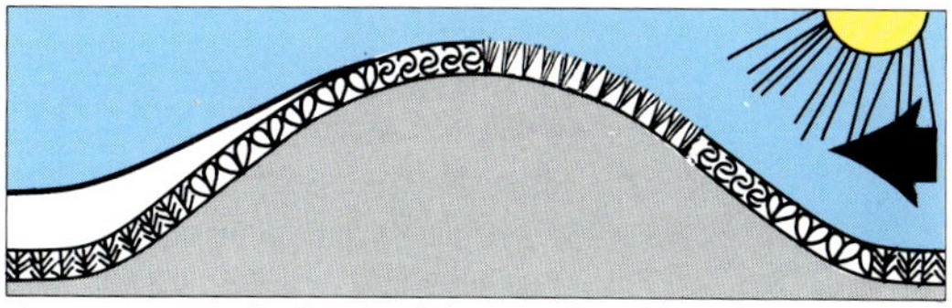

Am spätesten schmilzt der Schnee an leeseitigen Schatthängen.

Lebensformen:

Rosettenpflanzen

Durch langsames Wachstum des Haupttriebs bleiben die Abstände zwischen den Blättern (Internodien) sehr kurz, eine dichtstehende Blattspirale (Rosette) ist die Folge.

Schema der beginnenden Bildung eines Rosettenpolsters.

Abb. 34 Rosette: Trauben-Steinbrech *Saxifraga paniculata*

Polsterpflanzen

Verschiedene Polstertypen entstehen durch gleichmäßiges Wachstum und regelmäßige Verzweigung (nach RAUH 1939).

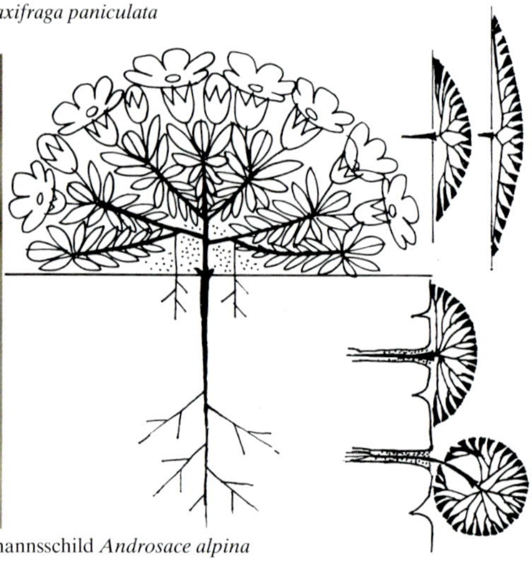

Flachpolster *(Saxifraga oppositifolia)*

Halbkugelpolster (viele Steinbrech- und Mannsschildarten).

Vollkugelpolster können erst nach Freilegung der Basis (Pfahlwurzel) entstehen.

Abb. 35 Radialkugelpolster: Gletschermannsschild *Androsace alpina*

Horstpflanzen

Entlang einer kurzen Grundachse wachsen zahlreiche sich verzweigende Seitentriebe und bilden einen dichten Pflanzenstock – den Horst.

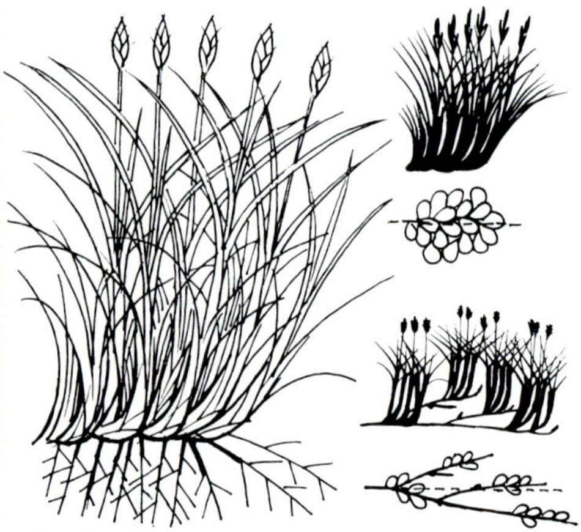

„Standhorste" erstarken durch dichte Bestockung aus basalen Seitenknospen *(Carex sempervirens)*.

„Wanderhorste" breiten sich nach der Bestockung durch Ausläuferbildung aus *(Sesleria caerulea)*

Abb. 36 Horst: Zweizeiliges Blaugras *Oreochloa disticha*

2. **Strahlung.** Aus der Bilanz des Stofferwerbs von Nivalpflanzen kann man das überraschende Ergebnis ablesen, daß die Produktion hauptsächlich durch schwaches Licht eingeschränkt wird (häufiges Schlechtwetter mit Bewölkung während der kurzen Vegetationszeit). So werden z. B. in alpinen Rasen (*Curvuletum*, KÖRNER 1982) ein Drittel des Stoffgewinns bei hohen Temperaturen und Starklicht in nur 17% aller produktiven Stunden erwirtschaftet, die restlichen 2 Drittel bei mittlerem und schwachem Licht und niedrigen Temperaturen (s. a. S. 141).
Gegen die hohe UV-Strahlung sind Hochgebirgspflanzen resistenter als Talpflanzen und zudem wirksam abgeschirmt durch die außen verstärkte Hautschicht und UV-absorbierende Pigmente (Anthocyan und Flavon-Glykoside, deren Bildung durch UV-Strahlung der Wellenlänge um 300 nm angeregt wird (CALDWELL 1968, TEVINI & HAEDER 1985, ROBBERECHT et al. 1980, LAUTENSCHLAGER-FLEURY 1955). Der niedrige Wuchs vieler Hochgebirgspflanzen ist sicher nicht auf Wirkungen der UV-Strahlung zurückzuführen, sondern durch komplizierte physiologische Reaktionen der Pflanze, wie z. B. den durch Kälte gebremsten Wuchsstofftransport bedingt.
3. Die wichtigsten Anpassungsleistungen von Gebirgspflanzen liegen im Bereich der mangelnden **Wärme:** Wachstum und Stoffwechsel funktionieren schon bei viel tieferen Temperaturen als bei Talpflanzen (s. a. S. 141). Die Gefriertemperatur der Blätter liegt tiefer, Nachtfröste wirken auf die Photosynthese des nächsten Tages nicht verzögernd. Der Stoffgewinn der Photosynthese ist über einen weiten Temperaturbe-

Abb. 37 *Sempervivum montanum* Berghauswurz. Polsterbildende Rosettenpflanze. Mit ihren sukkulenten Blättern (Wasserspeicher) kann die Pflanze Trockenzeiten überstehen.

reich günstig (Abb. 287). Die absoluten Untergrenzen des Stofferwerbs fallen in der Vegetationszeit meist mit den Lebensgrenzen zusammen und liegen zwischen −5 und −8° C, die Obergrenzen bei etwa 38 bis 45° C (LARCHER & WAGNER 1976). Gebirgsflechten, bzw. deren photosynthetisch aktive Algenpartner sind offenbar ganz anders organisiert als höhere Pflanzen. Sie können nach LANGE (1965) bis unter −20° Stoffgewinn erzielen, wobei das Lebensoptimum zwischen 0° und −10° liegen kann. Sie sind nicht nur absolut frosthart (bis −196°), sondern können bei Erwärmung in kürzester Zeit von Kältestarre auf volle Aktivität umschalten. Mit der Hitzebelastung steigen sowohl die Hitzeresistenz als auch die Hitzegrenze der CO_2-Aufnahme innerhalb weniger Stunden an. Gefährdung durch Kälte und Hitze: wenn während der Vegetationsperiode bei Kaltlufteinbrüchen die Temperatur unter den Gefrierpunkt sinkt, können Gebirgspflanzen die Gefriertemperatur ihrer Gewebe adaptiv um einige Grad absenken; dennoch sind Frostschäden möglich. Es gibt aber auch Arten, die – zumindest in Achsenteilen – auch im Sommer gegen Gefrieren tolerant sind (SAKAI & LARCHER, 1987). Hingegen liegt die am Standort an windstillen Tagen mögliche kurzzeitige Überwärmung von Pflanzenteilen (um 40° C, ausnahmsweise bis 50° C, bei *Carex firma* max. 60° C (KAINMÜLLER 1975) im Bereich der Hitzetoleranz. Das Ausmaß der Kälte- wie Hitzeresistenz von Gebirgspflanzen ist artspezifisch und paßt zur tatsächlichen Temperatursituation am Standort (Abb. 42). „Schneeschützlinge“ kommen dabei mit einer max. Frostresistenz von −20° bis −25°C im Winter aus, Windeckenpflanzen sind bis −70° C, teilweise auch absolut frosthart (bis −196° C). Bezeichnend ist eine schnelle Anpassungsfähigkeit der Frosthärte bis max. 10° C in der kritischen Zeit (Herbst, Frühling).

4. Besserer **Gasaustauch** (Verringerung des „Diffusionswiderstandes“ durch die vermehrten Spaltöffnungen der Blätter. 70% aller untersuchten Gebirgspflanzen besitzen Spaltöffnungen auf beiden Blattseiten (KÖRNER et al. 1986). Bei meist guter bis ausreichender Wasserversorgung können die Blätter stark transpirieren und mehr CO_2 aufnehmen. Die Blätter sind dicker (dickere Epidermis, vermehrtes Palisadengewebe) als bei Talpflanzen (KÖRNER UND MAYR 1981).

5. **Stofferwerb:** der Photosyntheseapparat („die grüne Fabrik“) von Gebirgspflanzen ist erheblich (bis zu 40%) leistungsfähiger als der von Talpflanzen (KÖRNER u. DIEMER 1987). Dadurch wird der in größerer Meereshöhe um 20–25% verringerte Partialdruck des $C0_2$ ausgeglichen. Die Leistungsfähigkeit ist aber nicht bei allen Gebirgspflanzen gleich. Wie bei Talpflanzen gibt es auch im Gebirge „Hochleistungstypen“ wie *Ranunculus glacialis* oder *Ligusticum mutellina* und Typen mit schwacher Leistung wie *Primula minima* oder *Taraxacum alpinum*. Auch in bezug auf die Ausnutzung der ohnehin kurzen Produktionsperiode gibt es verschiedene erblich festgelegte Typen: *Polygonum viviparum* verhält sich wie ein Geophyt eines Trockengebietes: dieser Knöterich produziert in 4–5 Wochen 2–3 Blätter und zieht Anfang August ein, obwohl von der Witterung her noch Stoffgewinn möglich wäre. *Geum reptans* hingegen gehört zu jener Gruppe von Gebirgspflanzen, die solange wachsen, bis herbstlicher Frost die Vegetationsperiode beendet. **Wurzelsystem:** KÖRNER (1987) konnte zeigen, daß Gebirgspflanzen bei gleichem Trockengewichtsverhältnis zwischen Sproß und Wurzel ein Feinwurzelsystem ausbilden, das bis fünfmal länger als jenes von Talpflanzen ist (Abb. 40). Dies bedeutet erhöhte Aufnahmekapazität der spärlichen Nährstoffe – besonders im Frühling, wenn aus dem Schmelzwasser für kurze Zeit größere Mengen Stickstoff verfügbar werden. Da im relativ kalten Boden auch die Nährstoffaufnahme langsamer verläuft, kann ein größeres Wurzelsystem einen Ausgleich schaffen.

6. **Wind:** Dies ist ein besonders gutes Beispiel für die starken kleinklimatischen Unterschiede (Gradienten) zwischen freier Atmosphäre und bodennaher Vegetation. Die Hauptbelastung für wintergrüne Pflanzen liegt während des Winters wohl im Fehlen einer schützenden Schneedecke. Nach Eintritt in die Winterruhe sind sie zwar vor dem Erfrieren sicher, dafür steigt die Trockenbelastung durch Wasserverdunstung der Sprosse und fehlendem Wassernachschub aus dem gefrorenen Boden. Xeromorpher Bau der Blätter und eine dicke schützende Hülle für den Vegetationspunkt („Strohtunika“ aus abgestorbenen Blättern) sind adaptive Reaktionen grasartiger Pflanzen (*Elyna*), niedrigster Wuchs und dichter Schluß des Blätterdaches als Abschirmung gegen das Außenklima und Ausbildung eines günstigen Bestandesklimas ist die Lebensform windexponierter Spaliersträucher (*Loiseleuria*, s. S. 44, CERNUSCA 1976).

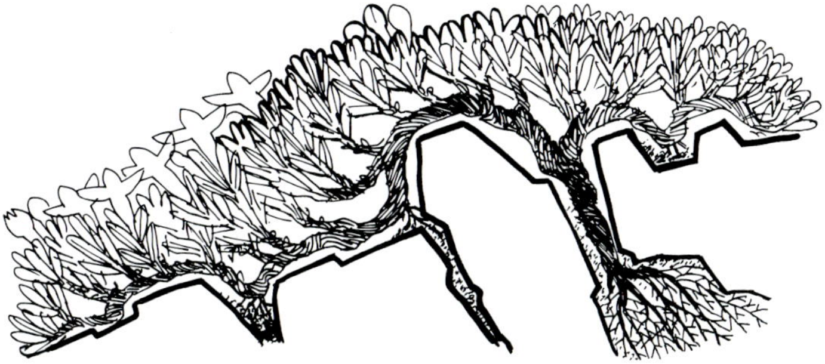

Abb. 39 Wie alle Pflanzen südseitiger Felsstandorte erhält *Daphne petraea* durch Strahlungsabsorption und -speicherung zusätzliche Wärme. Das bedeutet vor allem im Frühling einen Vorteil (Wachstumsvorsprung). Das dichte Blätterdach schafft im Polsterinneren – ähnlich wie bei *Loiseleuria* – ein günstigeres „Eigenklima". Standort und Wuchsform auf Wärmekontakt mögen bei dieser alten Reliktpflanze zum Überleben bis in die Jetztzeit beigetragen haben.

Vergleich Talpflanze-Gebirgspflanze

Die Gebirgspflanze investiert hauptsächlich in ihr Feinwurzelsystem, das bis 5mal länger ist als das von Talpflanzen. Durch die kurze Produktionszeit und das langsame Wachstum bleibt sie viel kleiner, obwohl sie absolut leistungsfähiger ist (nach KÖRNER & RENHARDT, 1987).

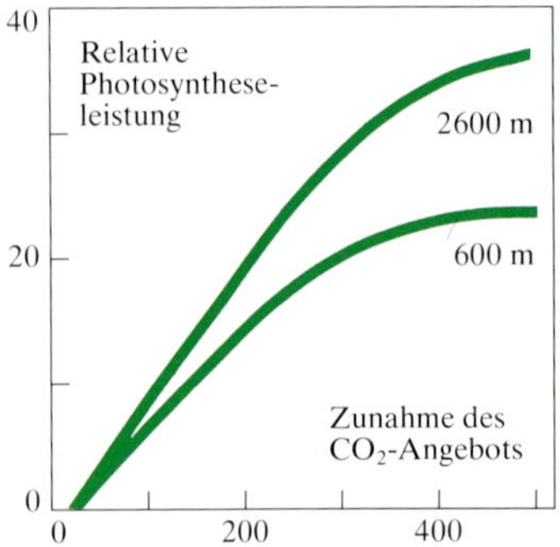

Abb. 41 Trotz geringerem CO_2-Partialdruck der Luft produzieren Gebirgspflanzen im Durchschnitt mehr als Talpflanzen (nach KÖRNER u. DIEMER 1987).

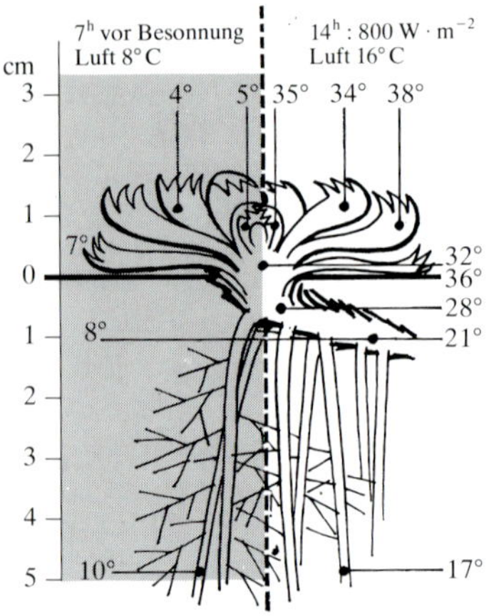

Abb. 42 Temperaturgang im Sproß- und Wurzelbereich von *Primula minima* an einem klaren Augusttag (nach LARCHER 1980).

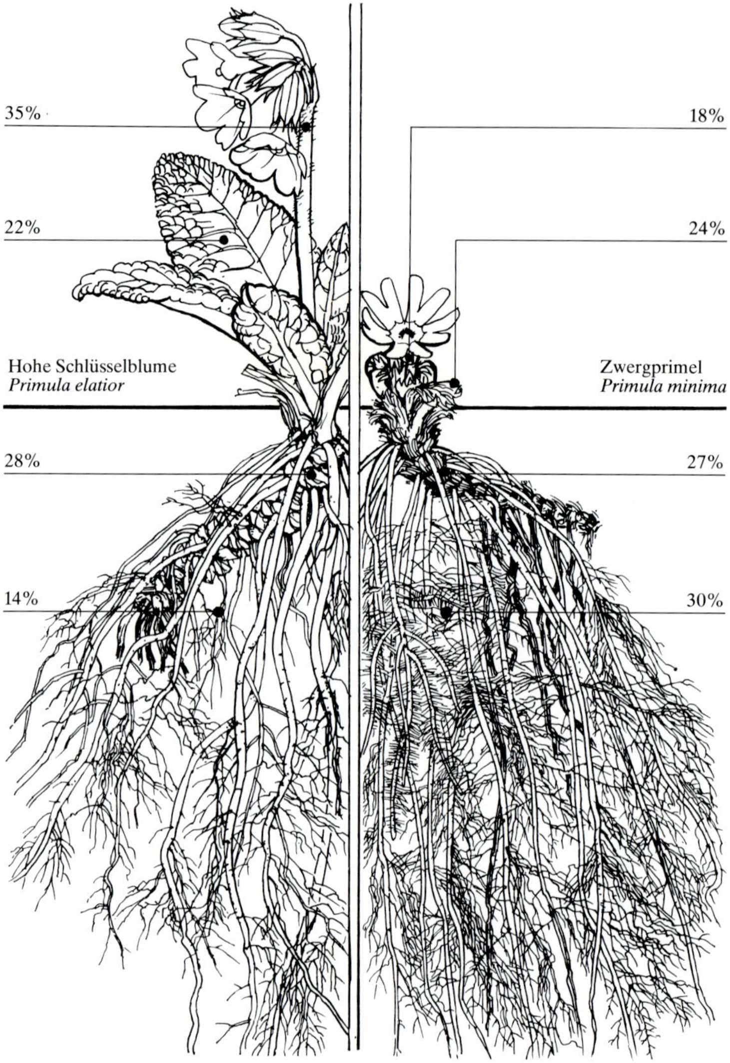

Abb. 40 Vergleich Talpflanzen – Gebirgspflanzen: Trockengewicht % (stat. Mittelwerte).

Temperatursituation im Hochgebirge	Alpine Stufe 2000–2500 m		Subnivale und nivale Stufe 2500–3500 m	
Vegetationszeit	3–5 Monate		1–3 Monate	
Lufttemperatur (2 m)				
Jahresmittel	–2 bis +2° C		–6 bis –2° C	
Mittel d. Vegetationsperiode	+4 bis +7° C		0 bis +4° C	
Mittl. Tagesschwankung (mittl. Max./mittl. Min.)				
In der Vegetationszeit	um 7° C		um 4 bis 5° C	
Absolute Extreme	Min.	Max.	Min.	Max.
Sommer:	bis – 7° C	26° C	bis –12° C	14° C
Winter:	bis –30° C	8° C	unter –35° C	1,2° C
Zahl der Frosttage/Jahr	200–240		250–320	
Temperatur der Pflanzen				
Sproßtemperatur kleinwüchsiger Pflanzen				
Vegetationszeit	–7/+40° C (55° C)		–9/+30° C (45° C)	
Winter:	–15/+20° C		? –20/–5° C ?	
Temperatur im Wurzelraum (10 cm) Vegetationszeit	9 bis 12° C		0 bis 3° C	

Abb. 43 Nach der Schneeschmelze blüht *Primula minima* im Krummseggenrasen.

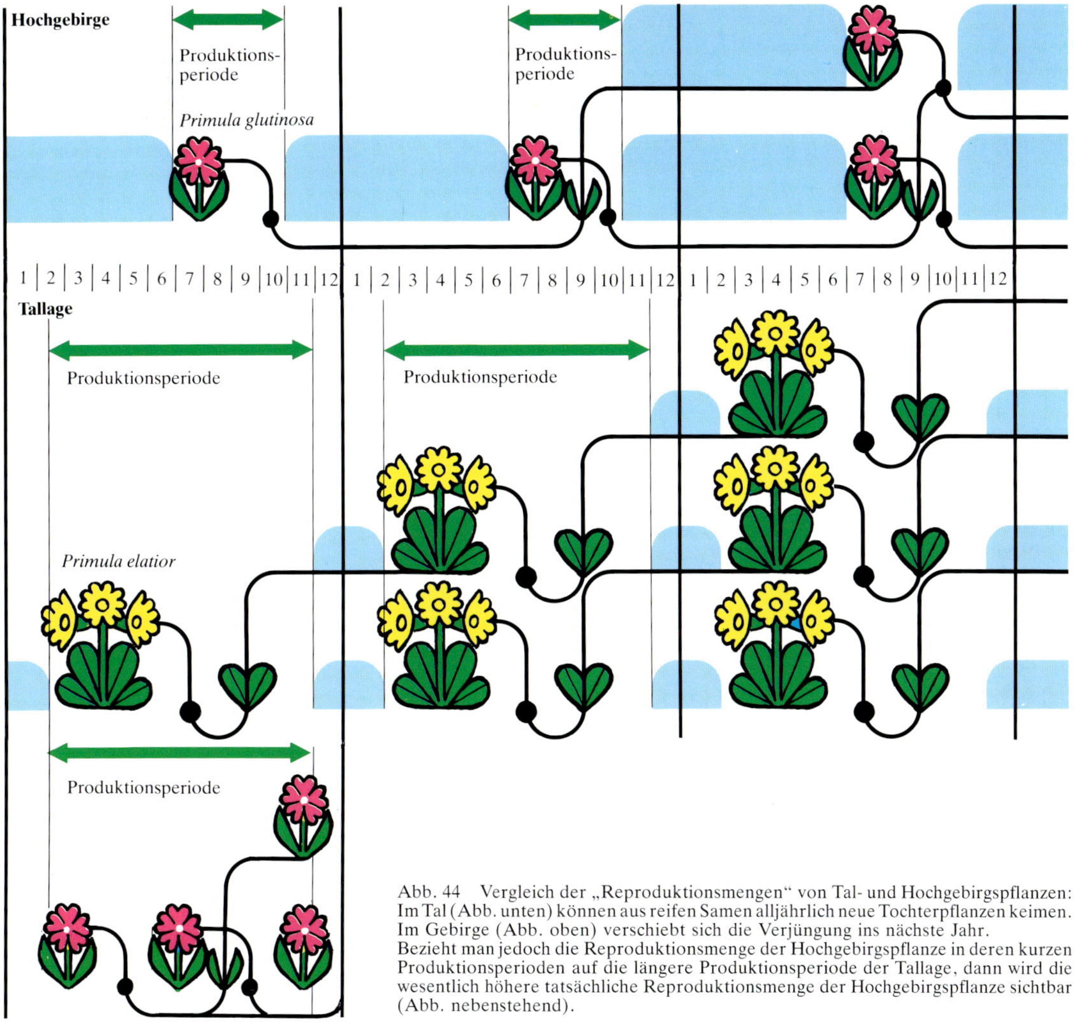

Abb. 44 Vergleich der „Reproduktionsmengen" von Tal- und Hochgebirgspflanzen: Im Tal (Abb. unten) können aus reifen Samen alljährlich neue Tochterpflanzen keimen. Im Gebirge (Abb. oben) verschiebt sich die Verjüngung ins nächste Jahr. Bezieht man jedoch die Reproduktionsmenge der Hochgebirgspflanze in deren kurzen Produktionsperioden auf die längere Produktionsperiode der Tallage, dann wird die wesentlich höhere tatsächliche Reproduktionsmenge der Hochgebirgspflanze sichtbar (Abb. nebenstehend).

Übersicht: Höhenstufen und Lebensbereiche

Auch wenn manche alpine Rasen große Flächen einnehmen, so ist Einheitlichkeit der Vegetation in alpinen Lebensbereichen doch eher die Ausnahme. Die Regel sind Verzahnungen über die Höhenstufen und Bildung von Vegetationskomplexen mit ± scharfen, öfter noch gleitenden Übergängen.

Abb. 45 **Höhenstufen im Kalk**

obere nivale Stufe
Kryptogamen:
Pilze, Algen, Moose, Flechten

untere nivale Stufe
wenige diktotyle Polsterpflanzen
Saxifraga aphylla, Poa minor

3000 **subnivale Stufe**
Rasenfragmente:
Caricetum firmae

2800 **obere alpine Stufe**
Polsterseggenrasen *Caricetum firmae*
Schneeböden: Blaukressenflur, Weiden
Arabidetum coeruleae, Salicetum retusae
Schutt: Täschelkrautflur *Thlaspietum rotundifo*
Fels: Schweizer Mannsschild *Androsacetum helveticae*

2600 **mittlere alpine Stufe**
Blaugras-Horstseggenrasen
Seslerio-Caricetum sempervirentis
Gemsheidespaliere
Loiseleurietum calcicolum
Kalk-Silikat: Nacktriedrasen *Elynetum*

2400 **untere alpine Stufe**
Almrausch-Legföhrengebüsch
Rhododendro hirsuti-Pinetum mugi
Rostseggenrasen *Caricetum ferruginei*

2200 Violettschwingelrasen *Festucetum violaceae*
Goldschwingelrasen *Festucetum paniculatae*
Schutt: Schildampfer *Rumicetum scutati*

2000 **subalpine Stufe**
Fichtenwald *Piceetum subalpinum*
Buchenwald *Dentario-Fagetum, Aceri-Fagetum*
Legföhrengebüsch *Pinetum mugi*
Bürstlingrasen *Nardetum*
Fels: *Potentilletum caulescentis*

1800 **Waldgrenze** 1500–1800 m

Nacktriedrasen *Elynetum*
Polsterseggenrasen *Dryadeto-firmetum*
Schutthalde *Thlaspiet. rotund.*
Rosteggenrasen *Caricetum ferruginei*
Felsspalten *Androsac. helv.*
Blaugrashalden *Seslerio-Semperviretum*
Bürstlingweide *Nardetum*
Violettschwingelrasen *Festucetum violacea*

Abb. 46 **Höhenstufen im Silikat**

3600

obere nivale Stufe
Kryptogamen: Pilze, Algen, Moose, Flechten

3400 **untere nivale Stufe**
Dikotyle Polsterpflanzen: *Saxifraga, Silene, Androsace, Poa laxa, Ranunculus glacialis Potentilla frigida, Luzula spicata*

3200

3000 **subnivale Stufe**
Rasenfragmente: *Curvuletum, Elynetum*
Schutt: Alpen-Mannsschild *(Androsacetum alpinae)*
Moos-Schneeböden

2800 **obere alpine Stufe**
Mosaik aus Krummseggen-Rasen *(Curvuletum)* und Schneeböden *(Salicetum herbaceae)*
Schutt: *Oxyrietum*
Fels: *Androsacetum vandellii*

2600 **mittlere alpine Stufe**
Hochlagen-Weiderasen *(Curvulo-Nardetum)*
Gemsheide-Spaliere *(Loiseleurietum)*

2400 **untere alpine Stufe**
Sonnenseite: Bärentrauben-Heide *(Junipero-Arctostaphyletum)*
Schattenseite: Alpenrosen-Bärenheide *(Rhododendro-Vaccinietum)*
2200 Felsfluren: *Primuletum hirsutae*
Schutt: *Cryptogramma crispa*
Weiderasen: *Aveno-Nardetum*

2000 **subalpine Stufe**
Waldgrenze 1600–2400 m
Ostalpen: (Zirben-) Lärchen
Westalpen: (Lärchen-) Zirben
Legföhren, Föhren, Grünerlen
Weiderasen: *Nardetum alpigenum*
Feuchtrasen: *Caricetum ferruginei*

1800

Kryptogamen, Moose
Rasenfragmente
Schneeböden *Salicetum herbaceae*
Bürstlingweide *Nardetum*
Polsterpflanzen, einzelne Blütenpflanzen
Krummseggenrasen *Caricetum curvulae*
Gemsheidespaliere *Loiseleurietum*
Zwergstrauchheide

Die Vegetation der alpinen Stufe

Borstgrasrasen
Nardetum

Gemsheide-Spaliere
Loiseleurietum

Krummseggenrasen
Curvuletum

Schneeböden
Salicetum herbaceae

Blaugrashalde
Seslerio-Sempervietum

Polsterseggenrasen
Firmetum

Nacktriedrasen
Elynetum

Vegetation ist auf der ganzen Erde etwas Dynamisches, das in unserer statischen Betrachtungsweise wie eine Momentaufnahme nur einen kurzen gegenwärtigen Aspekt zeigt, der oft nicht einmal eine Menschengeneration unverändert andauert. Wie wechselhaft die Erdgeschichte der Alpen und ihrer Lebewelt war, haben wir bereits gehört. Wenn wir im Folgenden versuchen, die häufigsten Pflanzengemeinschaften getrennt darzustellen, so soll uns bewußt sein, daß auch dies nur eine stark vereinfachende Abstraktion des tatsächlichen Geschehens ist. Gut gegeneinander abgrenzbar, mit nur schmalen Übergangsbereichen ist die Vegetation immer nur dort, wo lebensentscheidende Umweltbedingungen sich auf kurzen Strekken stark ändern. Dies geschieht entweder an Grenzen des Bodenmilieus, die eine ± scharfe Sortierung in kalkmeidende und kalktolerante Pflanzengesellschaften zur Folge haben oder dort, wo klimatische Gradienten mit der Meereshöhe zur Ausprägung von Höhenstufen führen. Wenn sich ein optimaler Gleichgewichtszustand zwischen Boden, Klima und Pflanzenwelt eingestellt hat, sprechen wie von zonaler **Klimaxvegetation,** wo ein oder mehrere Faktoren (Wind, Nässe, Wassermangel, Kälte, Hitze, schlechtes Nährstoffangebot, menschlicher Einfluß) die Entwicklung zum Optimalzustand verhindern, von „extrazonalen Schlußgesellschaften". Die von vielen Autoren seit BRAUN-BLANQUET und JENNY (1926) immer wieder behauptete Entwicklung alpiner Rasen, die über allen Gesteinsunterlagen, auch über reinem Kalk durch Versauerung und schließlich Isolierung des Oberbodens von der Gesteinsunterlage zur alleinigen Klimaxgesellschaft *Curvuletum* führen soll, konnte nirgends nachgewiesen werden. An steileren Hängen über reinen Karbonatgesteinen ist eine Entwicklung über die alpine Rendzina hinaus sicher nicht möglich (GRACANIN 1972). In den Dolomiten (Schlernplateau) kommen verarmte *Curvuleten* nur sehr lokal an mehr oder weniger flachen Geländekuppen und über Raiblerschichten vor; über Kalk-Silikat-Mischgesteinen kann es durch Auswaschung der Karbonate und Versauerung zur Bildung von alpinen Rasenbraunerden kommen, auf denen sich auch *Elyneten* und *Curvuleten* ansiedeln können (z.B. Lechtaler Alpen). Bei der Ausdeutung einer Konkurrenzsituation besteht gerade im Gebirge die Gefahr, räumliches Nebeneinander (Zonation) mit zeitlichem Ablauf und Entwicklung (Sukzession) zu verwechseln. In der oberen alpinen Stufe herrschen als Klimaxvegetation auf Kalk und Silikat alpine Rasen, in denen jeweils eine oder wenige Arten von Sauergräsern und Gräsern mengenmäßig dominieren, die charakteristischen Begleiter hingegen die Lücken füllen. Konkurrenz und Mischung zweier verschiedener Gesellschaften tritt v.a. im Übergangsbereich der thermischen Höhenstufen *(Nardetum – Curvuletum, Seslerio-Sempervietum – Firmetum),* aber auch – durch kleinere Relief- und Mikroklimaunterschiede bedingt – an den Grenzen des lokalen Klimaxbereichs auf *(Curvuletum* – Schneeböden, *Curvuletum* – Windkanten: *Loiseleurietum, Elynetum).*

Abb. 47 Gelbblühender Schweizer Löwenzahn im „*Curvulo-Nardetum*“. Im Übergang vom Weiderasen zum Krummseggenrasen mischen sich Elemente beider Rasentypen. – Obergurgl, Ötztal.

Bürstling-Weiderasen

Nardetum

Abb. 48 Stachelige Kratzdistel *Cirsium spinosissimum* auf einem Viehlagerplatz in der Bürstlingweide.

Die bodensauren Magerrasen sind der Inbegriff der blumenbunten „Alpenmatte". Obwohl die Artenzahl weniger groß ist als in den hochwüchsigen Blaugras-Horstseggenrasen, wirken die Magerweiden vielleicht noch farbiger, weil das niedere Gras den Blick auf die dominierenden Blütenfarben – blau der Enziane und Glockenblumen, gelb der Korbblütler, rot von Orchideen und Alpenklee – nicht verstellt. Die Gesamtverbreitung von *Nardus stricta* ist eigenartig (ozeanische Heiden Westeuropas, Alpen). Das Areal in den Alpen ist überwiegend sekundär, durch menschliche Tätigkeit gefördert. Ursprünglich wohl in länger schneebedeckten Lawinenrunsen der hochmontanen und subalpinen Waldstufe beheimatet, anspruchslos an den Boden und resistent gegen Viehtritt und Verbiß, haben sich die Bürstlingrasen auf den Almen ausgebreitet, wo sie v. a. mit den Zwergstrauchheiden (*Rhododendreta, Vaccinieta, Calluneta*) in Konkurrenz treten und sich nach oben zu mit den eigentlichen alpinen Rasen der Krummsegge (*Curvuletum*) mischen. Auch im Kalkgebirge, v. a. aber in Kalk-Silikatbergen kann *Nardus* über saurer Humusauflage Mischgesellschaften mit *Carex sempervirens* bilden. Die harten, sehr langsam verwitternden toten Blätter des Bürstlings liegen als schwer durchdringbare Decke auf dem Boden. So läßt der Bürstling nur wenig Raum für andere Pflanzen.

Die Blutwurz *Potentilla erecta* kriecht mit Ausläufern über die Streudecke. Wo sich Lücken finden, wachsen Wurzeln nach unten zum Boden durch.

Die Blattscheide besitzt ein Gelenk, an dem die unteren Blätter sich waagrecht nach außen biegen.
Die toten Blätter sind schwer zersetzbar und lassen um den Horst eine dichte Streudecke entstehen, durch die nur wenige andere Arten durchwachsen können.

Pflanzen mit Ausläufern oder kriechenden Rhizomen können die Räume zwischen den Horsten nutzen, (s. Abb. 59).

Abb. 49 **Struktur eines artenarmen Bürstlingrasens** *Nardetum* (vergl. Abb. 59)

Pflanzengesellschaften

Nach OBERDORFER (1959) lassen sich folgende Höhenstufen unterscheiden:

900–1700 m: *Nardetum alpigenum*
Hochmontane, beweidete Kurzrasen; kleinflächig im gerodeten Wald.

1800–2200 m: *Aveno-Nardetum*
Subalpine, beweidete oder gemähte, blumenreiche Hochlagen-Nardeten.

2300–2500 m: *Curvulo-Nardetum*
Subalpin-alpine, beweidete Rasen der oberen Zwergstrauchstufe mit beginnender *Carex curvula.*

2600–3000 m: *Curvuletum*
Obere alpine, meist von Schafen und Gemsen beweidete Naturrasen ohne *Nardus*.

1. Nardetum alpigenum:

Mit den ozeanischen Heiden der Tieflagen Westeuropas gemeinsame Arten:
Calluna vulgaris
Botrychium lunaria
Luzula campestris
Potentilla erecta
Arnica montana
Antennaria dioeca
Hieracium pilosella, H. auricula

Charakteristische Artenkombination in den Alpen:
Pulsatilla alpina, P. apiifolia
Potentilla aurea
Geum montanum
Trifolium alpinum
Gentiana kochiana, G. punctata
Ajuga pyramidalis
Campanula barbata
Phyteuma betonicifolium
Hypochoeris uniflora
Leontodon hispidus
Luzula sudetica
Leucorchis albida

Abb. 50 Nacktstendel
Gymnadenia conopsea

Abb. 51 Kohlröschen
Nigritella nigra

Abb. 52 Pannonischer Enzian
Gentiana pannonica

Abb. 53 Stengelloser Enzian
Gentiana kochiana

Abb. 54 Punktierter Enzian
Gentiana punctata

Abb. 55 Borstiger Löwenzahn
Leontodon hispidus

Abb. 56 Alpenklee
Trifolium alpinum

Abb. 57 Fedrige Flockenblume
Centaurea nervosa

Abb. 58 Gold-Pippau
Crepis aurea

2. *Aveno-Nardetum:*

Diese Rasen enthalten bereits eine große Zahl arktisch-alpiner Arten mit Verbreitungsschwerpunkt oberhalb der Waldgrenze. Floristisch optimale Entwicklung! Regionale Unterschiede zwischen Ostalpen (*Aveno-Nardetum*) und Westalpen (*Centaureo-Nardetum*):

Vaccinium uliginosum
V. myrtillus, V. vitis-idaea
Avenella flexuosa
Anthoxanthum alpinum
Avenula versicolor
Agrostis rupestris
Festuca halleri
Luzula lutea, L. spicata
Juncus trifidus
Carex sempervirens
Coeloglossum viride
Ranunculus montanus
Potentilla grandiflora
Gentiana lutea
Pedicularis tuberosa
Veronica bellidioides
Euphrasia minima
Campanula scheuchzeri
Hieracium alpinum
H. glaciale, H. aurantiacum
Leontodon helveticus
Senecio carniolicus

3. *Curvulo-Nardetum:*

Zwischen etwa 2200 und 2500 m ist im ganzen Alpenraum (v. a. in Süd-, West- und Ostexposition) ein „Übergangsrasen“ zwischen *Nardetum* und *Curvuletum* ausgebildet, der neben wenigen Resten der Tieflagen-Nardeten, wie *Calluna* und *Potentilla erecta* und übergreifenden Arten wie *Avenula versicolor, Juncus trifidus* und *Phyteuma hemisphaericum* v. a. Arten des *Curvuletums* und sogar der *Salix herbacea*-Schneeböden (*Ligusticum mutellina*) enthält. In dieser Höhenlage haben auch *Loiseleuria procumbens* und *Festuca halleri* einen

Die einseitswendigen Blütenstände des Borstgrases *Nardus stricta* werden von vielen Blütenpflanzen überragt.

Abb. 59 **Bürstlingrasen** *Nardetum*
„Blumenbunte Alpenmatte“
mit Bärtiger Glockenblume
Campanula barbata,
Enzian *Gentiana kochiana*,
Alpenlattich *Homogyne alpina*,
Kohlröschen *Nigritella nigra*
und Arnika *Arnica montana*.

Starkwüchsige Pflanzen mit grundständigen Blattrosetten lassen Freiräume für andere Arten entstehen.

Die Blutwurz *Potentilla erecta* vermag sich in fast allen Borstgrasrasen zu behaupten.

Abb. 60 Die Seiser Alm mit dem Schlern – ein klassischer blumenreicher Bürstlingrasen, der zum größten Teil gemäht wird.

Schwerpunkt. Bei stärkerer Düngung (Beweidung) können Fettweide-Zeiger wie *Poa alpina* und *Trifolium nivale* hervortreten.

Arten aus dem *Curvuletum:*
Carex curvula
Juncus jacquinii
Androsace obtusifolia
Primula minima
Pedicularis kerneri
Senecio incanus agg.

Abb. 62 Buntschwingel-Treppenrasen *Festucetum alpestris* mit *Genista radiata*

Ökologie: Phytomasse und Stoffumsatz in mehreren Rasengesellschaften der Nördlichen Kalkalpen wurden von REHDER (1975) bestimmt. Das *Nardetum alpigenum* über podsoliger Braunerde (pH 5,3) liegt dabei in der Mitte zwischen dem langsamwüchsigen *Firmetum* und dem hochproduktiven *Caricetum ferruginei.*

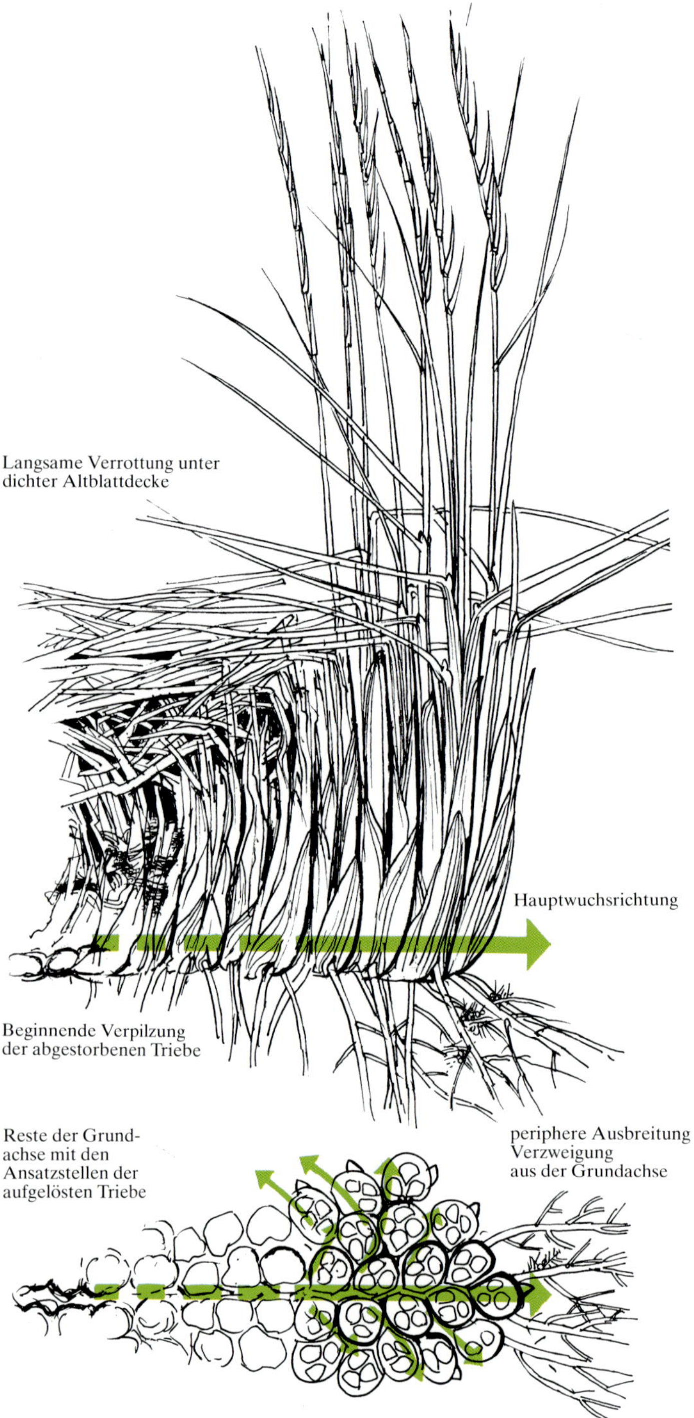

Abb. 61 Wachstum und Bestockung eines Bürstlinghorstes

Abb. 63 Bunthafer *Avenula versicolor*

Abb. 64 Nardetum mit Bärtiger Glockenblume *Campanula barbata* und Arnika *Arnica montana*.

Abb. 65 Goldschwingel *Festuca paniculata*

Goldschwingelrasen

Festucetum paniculatae

An trocken-warmen Hängen von der obersten Waldstufe bis 2500 m kommen auf Kalk und Silikat vor allem in den Westalpen, aber auch in den südlichen Ostalpen üppige blumenreiche Wiesen vor, die wir wegen der ähnlichen Höhenverbreitung, aber auch wegen der Mischung mit *Nardeten* hier kurz erwähnen wollen. Der stattliche Goldschwingel (bis 1 m) ist an den dicken braunen überhängenden Blütenrispen leicht zu kennen. Die Rasen besitzen in den Ostalpen nach HARTL (1983) durchschnittlich 45 Arten, doch kaum eigentliche Kennarten (neben *Festuca paniculata* nur *Dianthus barbatus* und *Knautia longifolia*), sondern zeigen Bindungen v. a. zum *Nardetum* und *Seslerio-Semperviretum*.

Artenkombinationen in den Französischen Westalpen:
Centaurea nervosa
C. uniflora
Asphodelus albus
Paradisia liliastrum
Anemone narcissiflora
Pedicularis gyroflexa

Abb. 66 Üppige blumenreiche Bürstlingrasen der Dolomiten mit Berg-Esparsette *Onobrychis montana*

Windheiden

Loiseleurietum

Abb. 67 Bald nach der Schneeschmelze blühen auf windgefegten Buckeln die Spaliere der Gemsheide *Loiseleuria procumbens*.

Nur in wenigen Fällen ist es der Lebensform des Zwergstrauchs gelungen, größere Höhen und extreme Standorte zu erobern. Dies ist nur möglich durch besondere Anpassung der Wuchsform. Ganz niedrige, flach dem Boden angepreßte Spalierteppiche mit einem dicht schließenden Blätterdach ermöglichen nahezu völlige Abschirmung nach außen (hoher Austauschwiderstand für Wärme und Wasserdampf) und geben der Pflanze ein Bestandesklima, das bedeutend günstiger ist als jenes in wenigen dm Abstand vom Boden (CERNUSCA 1976).

Die besondere räumliche Struktur dieser Vegetation, aber auch der Bau der Blätter ermöglichten es also einem Holzgewächs, in das Reich der alpinen Rasen vorzustoßen und hier sogar die klimatisch besonders extremen Windkanten zu besiedeln. Diesen Grenzbereich zwischen der unteren alpinen Stufe der höherwüchsigen Zwergsträucher (*Rhododendron-* und *Vacciniumheiden*) und der oberen alpinen Rasenstufe könnte man als mittlere alpine Stufe ausscheiden. LARCHER (1977a) hat mit zahlreichen Mitarbeitern (LARCHER, 1977b) in einem großangelegten Projekt über 10 Jahre hinweg Struktur und Ökologie verschiedener Zwergstrauchbestände am Patscherkofel bei Innsbruck eingehend erforscht, so daß wir über das Leben dieser Vegetationstypen sehr gut Bescheid wissen.

Der Wind mit allen direkten und indirekten Folgen ist der Hauptfaktor, mit dem das *Loiseleurietum* durch eine Reihe von „Strategien" fertig werden muß. Die Windheiden sind auch im Winter praktisch kaum von der Schneedecke geschützt: ausreichende Frosthärte (−35° bis −60°C) ist

Das Gezweig der Gemsheide bildet zusammen mit Strauchflechten ein stabiles Gefüge.

Isländisch Moos *Cetraria islandica* ist ein besonders wichtiger Flechtenpartner.

Je tiefer die Blätter stehen, umso dichter sind sie von Pilzfäden übersponnen.

Alter Hauptstamm mit über 50 Jahren.

Flechten sind ein wichtiger Faktor im Wasserhaushalt der Gemsheide – „Zwergwälder". Regen, Tau und Schmelzwasser werden vom Flechtenkörper aufgesogen und in den Innenraum des Bestandes gebracht.

Die oberste Bodenschicht besteht aus abgefallenen Blättern, die durch Mikroorganismen zu Humus abgebaut werden. Jahrzehntelange Humusansammlung bewirkt Aufwölbung des Spaliers.

Abb. 68 **Gemsheidespalier**
Loiseleurietum
(ca. 5mal vergrößert)

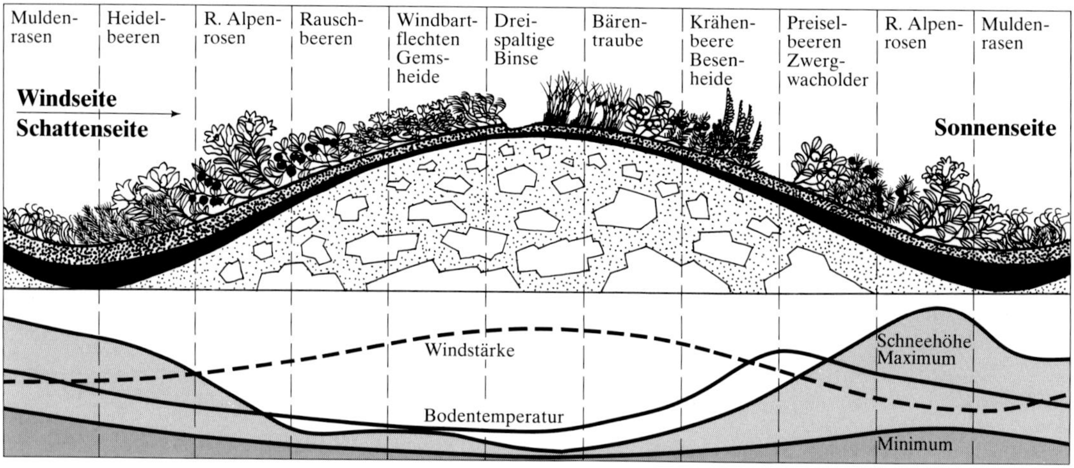

Abb. 69 Abfolge der Vegetationszonen auf einer windexponierten Kuppe an der Waldgrenze und Hauptfaktoren, die diese Verteilung bedingen (Ökogramm nach AULITZKY 1963).

für eine Pflanze arktischer Herkunft selbstverständlich. Wind bedeutet aber v. a. Wasserentzug. Während der Vegetationszeit reichen die Wasserreserven des Bodens und des dichten Flechtenbesatzes, der das Niederschlagswasser wie ein Schwamm aufsaugt und für höhere Luftfeuchte sorgt, aus, um den durch die Transpiration bedingten Wasserverlust auszugleichen. Während des Winters, von etwa Anfang November bis Ende März, wenn ein Wassernachschub aus dem gefrorenen Boden nicht möglich ist, bleiben die Spaltöffnungen ständig geschlossen, die Wasserabgabe erfolgt nur mehr ganz spärlich durch die Cuticula.

Die Wasserverluste sind dabei trotz hoher Verdunstungskraft der Luft bei Sonneneinstrahlung relativ gering, zudem kann *Loiseleuria* mit ihrem Wurzelfilz und kapillar über zwei schmale Rillen der Blattunterseite (Abb. 70) immer wieder Wasser aus nassem oder oberflächlich schmelzendem Schnee aufnehmen und so ihr Sproßsystem wieder mit Wasser füllen. Frosttrockenschäden gibt es bei der Gamsheide nur an Orten, wo Zweige sich über Felsflächen breiten, wo sie kein Schmelzwasser erreichen. Dann kann der Wassergehalt auf unter 30 bis 40% des Trockengewichtes absinken, während er sich normalerweise im Bereich von 70 bis über 100% bewegt (LARCHER, 1957).

Eines der überraschendsten Ergebnisse ist aus der Graphik Abb. 71 abzulesen: Während das Kleinklima der Luft nur wenig über den Pflanzenteppichen als kalt und windig empfunden wird, ist das Mikroklima im Inneren des Bestandes – dem eines Waldes mit dichtem Kronenschluß vergleichbar – vollkommen abgeschirmt gegen außen und geradezu „subtropisch“: An Strahlungstagen bringt die Absorption im mittleren Drittel des Bestandes eine Überwärmung von 15 bis 20° gegenüber der Außenwelt. An windarmen Schönwettertagen können Bestandestemperaturen von mehr als 45° C erreicht werden.

Die Windgeschwindigkeit selbst eines Föhnsturmes ($20\ m \cdot s^{-1}$) ist für das Innere des Spaliertep-

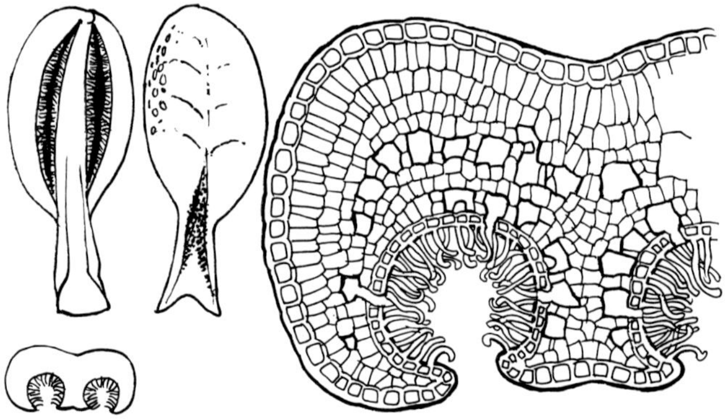

Abb. 70 Der Blattrand von *Loiseleuria* ist stark nach unten umgerollt. Blattquerschnitt: Die Spaltöffnungen liegen ungeschützt in den zwei „Rillen“ der Unterseite, die auch Kapillarwasser aufsaugen können.

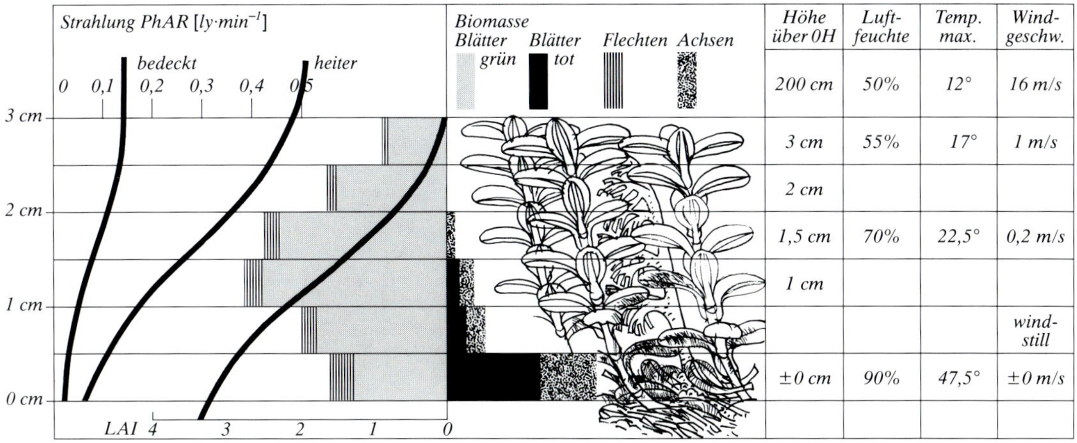

Abb. 71 Bestandesklima und Phytomasse in einem *Loiseleurietum* (nach CERNUSCA 1976).

pichs ohne Bedeutung. Die Luftfeuchtigkeit sinkt dabei praktisch nie unter 80% (CERNUSCA 1975, 1976). Nach SCHMID (1977) beträgt die Produktionszeit der untersuchten Bestände am Patscherkofel (dichte *Loiseleuria-heide*, 2000 m sowie offeneres stark bewindetes *Loiseleurio-Cetrarietum* 2175 m – ein Viertel der Trockenmasse des Bestandes entfällt auf *Cetraria islandica*) im Durchschnitt 130 bis 150 Tage, also nur 4–5 Monate. Der pH-Wert im Wurzelraum des Eisenhumus-Podsols betrug zwischen 3,7 und 4,7. Die jährliche oberirdische Nettoproduktion lag bei 316 g.m^{-2} bzw. bei 108 g.m^{-2}. Die erzeugte organische Substanz gelangt praktisch vollständig wieder als Streu in den Boden, soweit sie nicht durch den Wind verblasen oder von Tieren (Schneehühner!) gefressen wird. Da die Mineralisationsrate der organischen Substanz sehr niedrig und die Stickstoffreserven des Bodens gering sind, erschließt die Wurzelsymbiose mit Mykorrhizapilzen der Gamsheide zusätzlich benötigte Stickstoffquellen (HASELWANDTER 1986). Trotzdem begrenzt in erster Linie die schlechte Ernährungssituation das Wachstum. Versuche mit Mineraldüngung ergaben eine deutliche Förderung (KÖRNER 1984). Da die Biomasse praktisch nicht zunimmt, bedeutet dies, daß die Vegetation ihr Areal nicht ausdehnt, sondern daß ein Gleichgewichtszustand herrscht. Die von vielen alpinen *Ericaceen* bekannte Eigenschaft, v. a. in den Blättern Fett zu speichern, ist bei *Loiseleuria* mit rund 11% der Trockensubstanz besonders aus-

Abb. 72 Sehr dichter Kronenschluß

Abb. 73 *Loiseleuria* Blütenknospen

Abb. 74 *Loiseleuria* in Frucht

Abb. 75 **Gemsheidespalier über Fels**

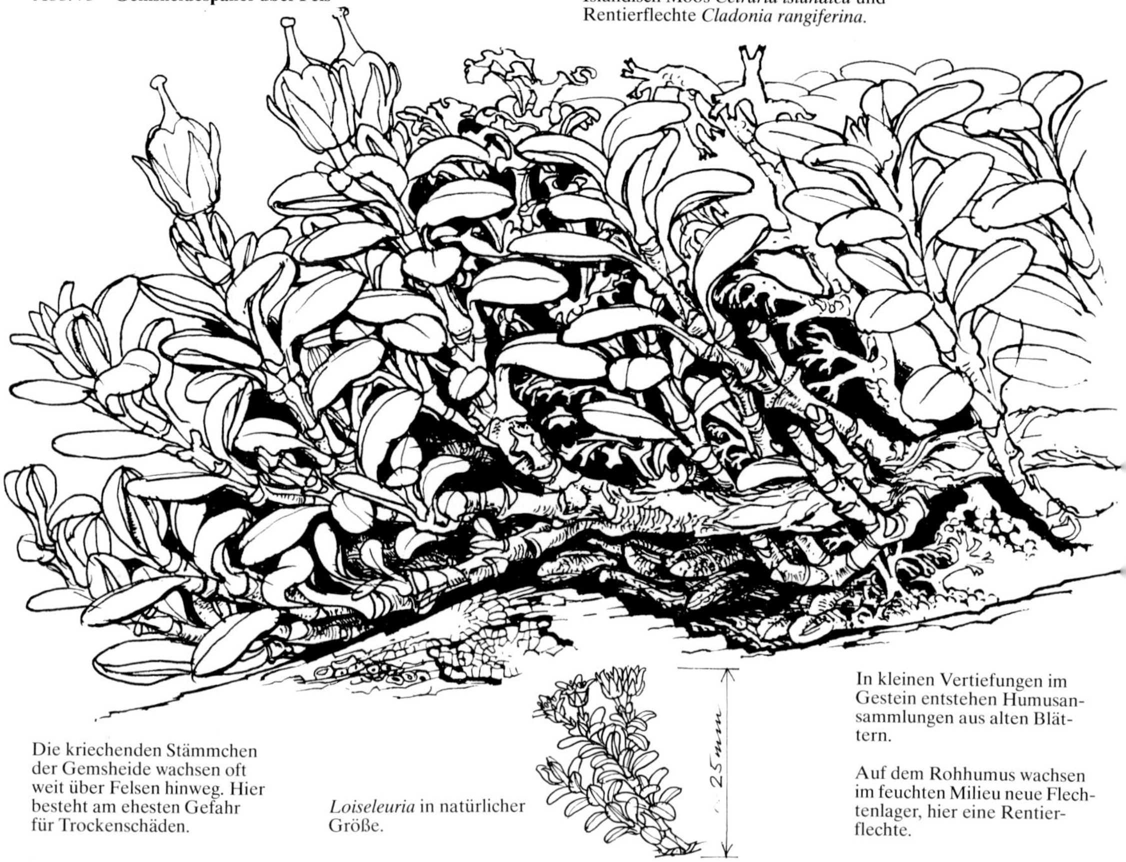

geprägt. Nach der Schneeschmelze wird durch die anlaufende Assimilation als Reservestoff neben Stärke auch Fett erzeugt. Durch Energieverbrauch während der Blüh- und Wachstumsphase im Frühsommer sinkt der Fettgehalt und steigt gegen den Herbst zu wieder an. Das Fett wird aber kaum wieder mobilisiert, sondern zum Großteil mit den toten Blättern abgestoßen (TSCHAGER et al. 1982). Häufig sind an exponierten *Loiseleurieten* Windanrisse zu beobachten (Abb. 67); nach den Windprofilen, die CERNUSCA (1976) gemessen hat, ist es unwahrscheinlich, daß ein gesunder Spalierteppich vom Wind aufgerissen werden kann. Da aber aus natürlichen Altersgründen Äste absterben, gelegentlich wohl auch durch Frosttrocknisschäden, greift der Wind dort an und bläst Teile des Bodens fort.

Pflanzengesellschaften

Mehrfach ist die Frage diskutiert worden, ob die Windheideteppiche von *Loiseleuria* floristisch noch den Zwergstrauchgesellschaften der obersten Waldstufe oder wegen ihrer ökologischen Verwandtschaft mit den alpinen Rasen eher diesen zuzuordnen seien (BRAUN-BLANQUET, PALLMANN, BACH 1926). BRAUN-BLANQUET (1950) spricht von einem „Zwischenglied zwischen den alpinen Rasenassoziationen und den subalpinen Zwergstrauchheiden“. Floristische Beziehungen bestehen je nach der Höhenlage mehr zur Zwergstrauchstufe (relativ flechtenarme Ausbildung, im föhnreichen Brennergebiet schon bei 1500 m) oder an den extremen Windkanten im Bereich der Rasenstufe (sehr flechtenreiches *Loiseleurio-Cetrarietum*, bis 2600 m) zu den *Curvuleten* und sogar zu den Schneeböden.

Charakteristischer Artenbestand:

Arten der Zwergstrauchstufe
Arctostaphylos alpina
Vaccinium uliginosum

Abb. 76 Gemsheide *Loiseleuria procumbens:* Blühende Zweige. Abb. 68, 75, 76 sind 5mal vergrößert.

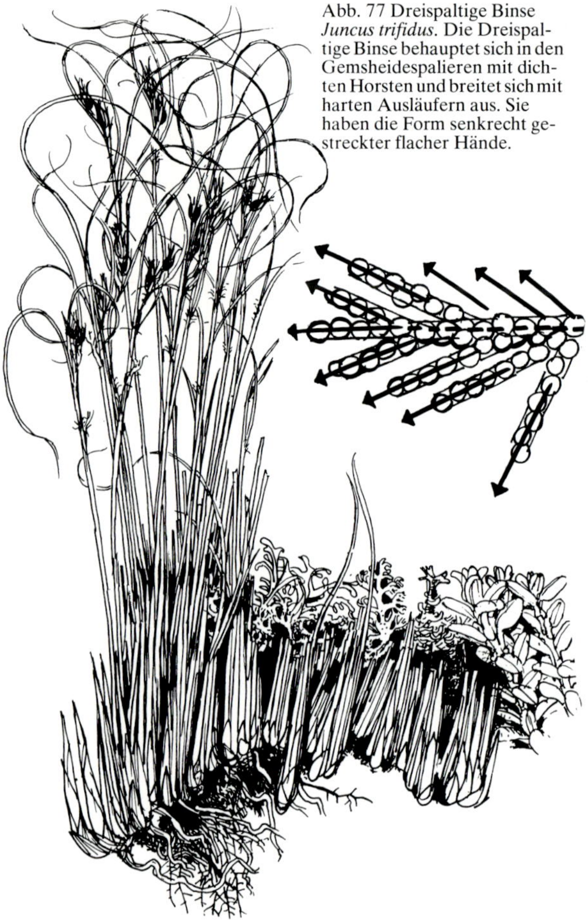

Abb. 77 Dreispaltige Binse *Juncus trifidus*. Die Dreispaltige Binse behauptet sich in den Gemsheidespalieren mit dichten Horsten und breitet sich mit harten Ausläufern aus. Sie haben die Form senkrecht gestreckter flacher Hände.

Abb. 78 Dreispaltige Binse *Juncus trifidus*

V. vitis-idaea
V. myrtillus
Empetrum hermaphroditum
Huperzia selago
Cladonia arbuscula, C. rangifer.
C. gracilis, C. uncialis
Cetraria islandica

Arten der alpinen Rasen
Carex curvula
Oreochloa disticha
Phyteuma hemisphaericum
Antennaria carpatica
Festuca halleri
Luzula lutea
Avenula versicolor
Juncus trifidus
Avenella flexuosa
Leontodon helveticus
Polygonum viviparum

Arten der Schneeböden
Salix herbacea
Leucanthemopsis alpina
Primula minima
P. glutinosa

Mit der Höhenlage nehmen die windharten Flechten stark zu (56% der Biomasse): *Alectoria ochroleuca, Cetraria cucullata, C. crispa, C. nivalis, Thamnolia vermicularis.*

In der „Flechtenheide" des *Loiseleurio-Cetrarietums* ist von der Gamsheide oft kaum etwas zu sehen, so dicht ist sie mit Strauchflechten durchwirkt. Ohne den Halt durch die Zweige des Zwergstrauchs könnten sich die Flechten nicht gegen den Wind verankern, umgekehrt bieten die völlig wind- und kälteharten Flechten dem Gemsheidespalier zusätzlichen Schutz.

Trotz mehrfacher Beschreibung recht wenig bekannt geworden sind die **Loiseleuria-Vereine über Kalkgestein.** AICHINGER (1933) beschrieb aus den Karawanken

Abb. 79 Rauschbeere
Vaccinium uliginosum

Abb. 80 Krähenbeere
Empetrum hermaphroditum

Abb. 81 Alpenbärentraube
Arctostaphylos alpina

Abb. 82 Flechtenreiche Windheide *(Loiseleurio-Cetrarietum)* mit kugeliger *Cladonia stellaris*

Abb. 83 Windbartflechte
Alectoria ochroleuca

(ca. 2100 m) eine *Loiseleuria-Homogyne discolor*-Gesellschaft, in der neben den drei *Vaccinium*-Arten auch Kalk- und Silikatrasenelemente auftreten, wie z. B. *Carex capillaris, Aster bellidiastrum, Hieracium alpinum, Agrostis rupestris, Luzula multiflora, Campanula scheuchzeri,* kaum Flechten. Es handelt sich dabei um sekundäre Vegetationsentwicklungen nach Kahlschlag oder Brand früherer Legföhrenbestände. Aus dem Rofan (2150 m) beschrieb THIMM (1953) ein *Avenula versicolor*-reiches Loiseleurietum, das sich nach Humusanreicherung durch *Dryadeto-Firmetum*-Pioniergesellschaften über reinem Kalk entwickelt und neben Kalkpflanzen wie *Primula auricula, Silene acaulis, Chamorchis alpina* und *Aster alpinus* auch zahlreiche Sauerhumuspflanzen beherbergt. Hier spielt offenbar die Dicke der Humusauflage und die Wurzeltiefe der Pflanzen eine große Rolle. In dem *„Loiseleurietum calcicolum"*, das WENDELBERGER 1962 aus dem Dachsteingebiet, 1971 von der Rax beschrieben hat, kommen in Nordlagen zwischen 1700 und 1850 m vor:

Hedysarum hedysaroides
Potentilla crantzii
Ligusticum mutellinoides
Gentiana pumila
Campanula alpina
Pinguicula alpina
Viola alpina
Biscutella laevigata
Minuartia verna ssp. gerardi
Salix retusa
Pedicularis rostrato-capitata
Carex capillaris
C. atrata

Krummseggenrasen

Curvuletum

Abb. 84 Krummseggenrasen *Curvuletum* der Silikatalpen

Fast überall in den inneren Tälern der zentralen Silikatalpen sieht man die formende Wirkung der eiszeitlichen Gletscher. Die steilen Flanken der Hochtäler verflachen bei etwa 2500 m Höhe zu mäßig steilen „Trogschultern", in denen wir die Reste des präglazialen Talbodens erblicken und versteilen dann wieder bei 2700 bis 2800 m mit Schuttfächern und Felswänden zu den vergletscherten Gipfeln empor. An der Trogschulter vollzieht sich ein auffallender Wechsel der Vegetation: die letzten Elemente des Bürstlingrasens (*Nardetum*) bleiben endgültig zurück, wir sind im Reich der alpinen Urwiesen, der fahl ockerfarbenen Grasheiden der Krummsegge.

Die Krummseggenrasen sind auf die mitteleuropäischen Hochgebirge (Pyrenäen, Alpen, Karpaten, Balkan) beschränkt und wohl hauptsächlich in diesem Raum entstanden. Das Geländerelief ist ± regelmäßig in sanfte, oft längsgezogene Buckel und ebensolche Mulden gegliedert, die sich durch dunkleres Grün abheben: ein großräumiges Vegetationsmosaik aus Rasen und „Schneeböden", hervorgerufen durch die stark unterschiedliche Schneebedeckung und damit Vegetationsdauer (Abb. 32).

Die Struktur eines Rasens ist für die Ausbildung eines eigenen Bestandesklimas nicht annähernd so günstig wie beim Spalierteppich des *Loiseleurietums*. Zwar bildet auch die lockige Oberschicht der abgestorbenen Blattspitzen eine starke Windbremse und bringt damit – durch Erhöhung des Austauschwiderstandes – eine wirksame Beruhigung des Bestandesinneren. Dennoch meidet der *Carex curvula*-Rasen die stärker beblasenen Windkan-

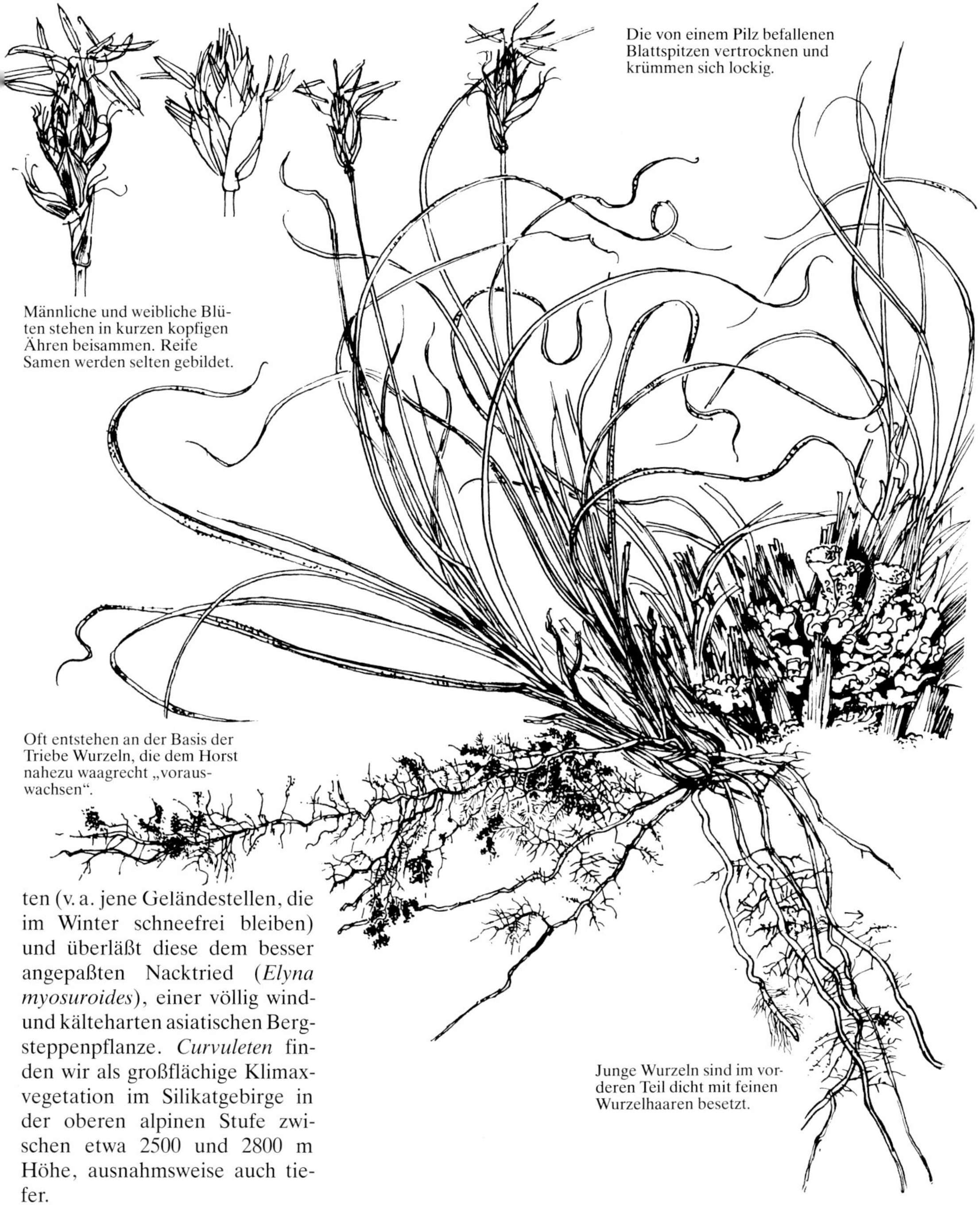

ten (v. a. jene Geländestellen, die im Winter schneefrei bleiben) und überläßt diese dem besser angepaßten Nacktried (*Elyna myosuroides*), einer völlig wind- und kälteharten asiatischen Bergsteppenpflanze. *Curvuleten* finden wir als großflächige Klimaxvegetation im Silikatgebirge in der oberen alpinen Stufe zwischen etwa 2500 und 2800 m Höhe, ausnahmsweise auch tiefer.

Die dichten festen Horste eines *Carex curvula*-Stockes bestehen aus zahlreichen Triebbündeln, die von mehreren Lagen alter,

Abb. 85 **Einzeltriebe der Krummsegge** *Carex curvula*

Abb. 86 **Rasenerneuerung im Krummseggenrasen** *Curvuletum.*

Übergang zum Feuchten Krummseggenrasen *Hygrocurvuletum*, Krautweide *Salix herbacea*, Moos *Polytrichum norvegicum* und Mutterwurz *Ligusticum mutellina*.

Zerfallende Triebe ohne alte Blätter (vgl. *Nardetum!*) Erste Flechtenlager.

Lebende Austriebe

Schnitt durch den Horst mit diesjährigen Trieben 1, 2, 3.

schwer verwitternder Blattscheiden umhüllt sind. Die Individualentwicklung von *C. curvula* haben HOFER (1979) und GRABHERR et al. (1978) untersucht: Das Rhizom bildet innerhalb der Blattscheide pro Jahr 2 (bis 3) grüne Blätter, die bald von der Spitze her abzusterben beginnen, weil sie von einem Pilz (*Clathrospora elynae*) befallen werden, wodurch die lockige Krümmung der toten Blattenden entsteht. Jeder Trieb kann bis zu 10 Jahre alt werden; da die Blätter meist 2 Jahre leben, enthalten die Triebe meist 4 Blätter (2 vorjährige, 2 heurige). Seitentriebe entstehen spärlich an der Basis des Haupttriebes innerhalb der abgestorbenen Blattscheiden. Sie können wiederum Nebentriebe erzeugen.

Seitentriebe entstehen auch dann, wenn der Vegetationsscheitel sein Wachstum mit einem Blütenstengel abschließt, der im Herbst abstirbt. Pro m^2 Rasenfläche haben wir 3000 Triebe gezählt, die pro Jahr etwa 500 Neutriebe entwickeln. Dabei verzweigen sich auch die Rhizome, so daß die Seggenhorste frontal nach vorne wachsen, nach hinten aber absterben.

Die „Wandergeschwindigkeit" ist dabei äußerst langsam: weniger als 1 mm pro Jahr!! Das entspricht einem Rasenzuwachs von 1 m in 1000 Jahren! Ein Einzelhorst erreicht dabei ein geschätztes Alter von 15 bis 20 Jahren, wobei die jüngeren Triebe mit den ältesten meist keine Verbindung mehr haben. Da nur einer von 400 Trieben blüht, wobei nur wenige reife Samen gebildet werden, und die Keimung nur unter besonders günstigen Umständen funktioniert, ist das Entstehen einer neuen *C. curvula*-Pflanze aus einem Sämling ein Jahrhundertereignis.

Durch dieses System der ungeschlechtlichen Vermehrung ist der *Curvuletum*-Rasen sehr homogen.

Wir haben die Produktion eines flechtenreichen *Curvuletums* im Inner-Ötztal (Hohe Mut, 2550 m) bestimmt: Der Anteil der Flechten an der gesamten Phytomasse (lebende + tote Pflanzenteile) betrug 35% gegenüber 38% für *C. curvula.* Noch klarer tritt die Bedeutung der Flechten bei der Biomasse hervor (nur lebende Anteile) mit 64% gegenüber 12% *C. curvula,* 6% *Avenula versicolor,* 3,3% *Oreochloa disticha,* 6% Kräuter, 9% Moose. Die Gesamt-Phytomasse betrug 1900–2700 g Trockensubstanz pro m^2, die Gesamt-Biomasse 1450–2010 g m^2. Da die Böden wäh-

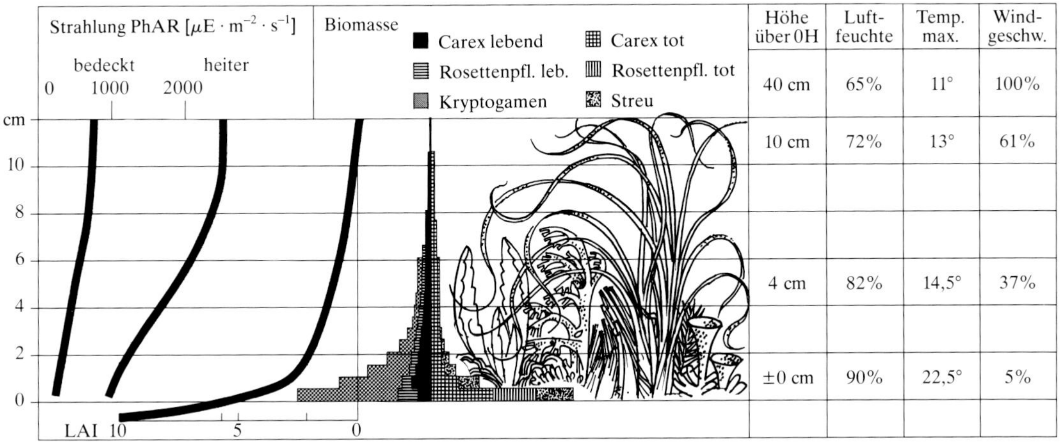

Abb. 87 Phytomassevorrat und Bestandesklima in einem Krummseggenrasen (nach CERNUSCA, 1977).

rend der Vegetationsperiode stets ausreichend mit Wasser versorgt sind, können die Spaltöffnungen ganztägig offen bleiben, so daß keine Einschränkung der Transpiration und damit der CO_2-Aufnahme durch Trockenheit eintritt (KÖRNER et al., 1980).

In einer Produktionsperiode von 105–128 Tagen wird nur ein Stoffgewinn von 100–160 g pro m^2 erzielt. Die klimatischen Bedingungen für den Stofferwerb sind in dieser Höhenlage nicht viel günstiger als in der Nivalstufe, nämlich häufige Bewölkung und Kühle, so daß das Licht zum begrenzenden Faktor der Produktion wird.

In 17% der Stunden (mit Starklicht und Wärme) werden 34% der gesamten Jahresmenge an CO_2 aufgenommen. In 58% der Stunden (mit schwachem Licht und kühlem Wetter) werden nur 26%, in 25% der Stunden mit mittlerem Licht die restlichen 40% erwirtschaftet (KÖRNER 1982).

Wie das *Loiseleurietum* ist auch das *Curvuletum* ein sich eben selbst erhaltendes System von sehr geringer Produktivität. Die arktischen und alpinen „Tundra"-Vegetationstypen gehören nach den Halbwüsten zu den am wenigsten produktiven Pflanzengesellschaften der Erde.

Pflanzengesellschaften

Curvuletum: Höhenverbreitung 2300–2700 m (1750 Seckauer Zinken, 3300 m Obergurgl, Ötztal), 5 (4–7) Monate Aperzeit, winterlicher Schneeschutz. Der Bodentyp ist eine stark versauerte (podsolige) Rasenbraunerde mit pH 4,5–5,5 (3,2–6,5). Das typische *Curvuletum* besiedelt ± flache Kuppen. Es wird an Steilhängen mit Schutt und Fels vom *Juncus trifidus*-Rasen, an solchen mit tiefergründigen Böden vom *Caricetum sempervirentis* ersetzt. Nach oben zu löst sich das *Curvuletum* in Rasenfragmente auf und grenzt hier an die subnivalen Schuttfluren (*Androsacetum alpinae*). Nach unten geht es in die *Nardetum*-Weiderasen über, die stark windexponierten Grate werden dem *Elynetum* überlassen, die zu lange schneebedeckten Mulden dem *Salicetum herbaceae.*

***Curvuletum* typicum:**
Charakteristische Artenkombination (Mittl. Artenzahl 31):
Oreochloa disticha
Phyteuma globulariaefolium
Senecio incanus agg.
Hieracium glanduliferum
Veronica bellidioides
Euphrasia minima
Luzula lutea, L. spicata
Agrostis rupestris
Juncus trifidus, J. jacquini
Primula minima (Hohe Tauern)
P. integrifolia, P. viscosa (W.-A.)
P. daonensis (Ortler, Adamello)
Androsace obtusifolia
Minuartia sedoides
Silene exscapa
Erigeron uniflorus
Phyteuma hemisphaericum
Pulsatilla vernalis
Leontodon helveticus
Häufige Begleiter:
Festuca halleri
Avenula versicolor
Achillea moschata
Primula hirsuta
Lloydia serotina
Campanula scheuchzeri
Antennaria carpatica
Sempervivum montanum
Gentiana brachyphylla
Polygonum viviparum
Poa alpina var. minor

Abb. 88 **Spätsommeraspekt im Innern eines ausgedehnten Krummseggenhorstes mit artenreicher „Nachbesiedlung".**

Die schwarzen Punkte auf den Blättern sind die borstigen Fruchtkörper des Pilzes *Clathrospora elynae* Rab., der auf alpinen Sauergräsern wächst. (10 x)

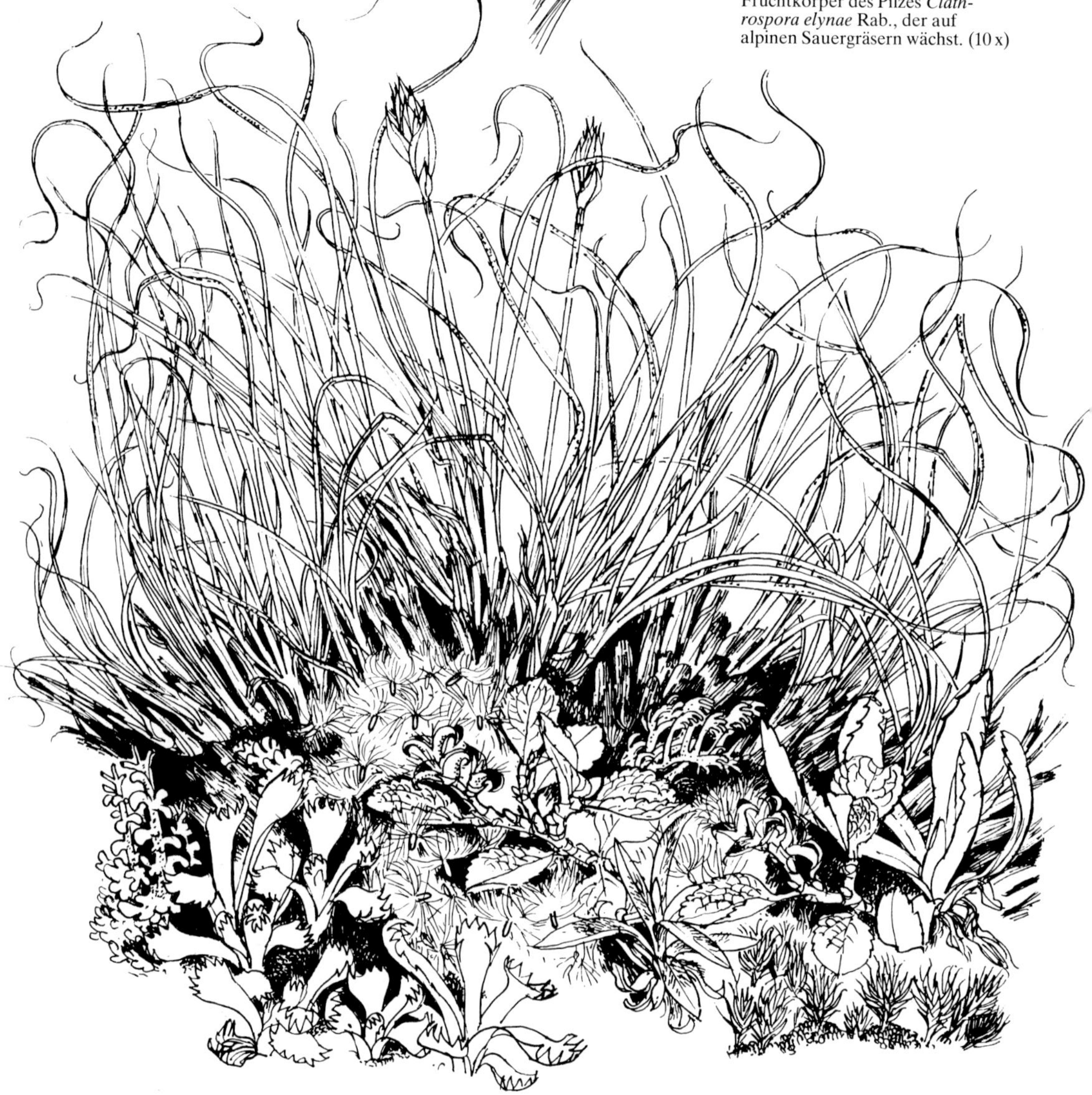

hinten: Rentierflechten *Cladonia ssp.*, einer der Erstbesiedler der zerfallenden Carex-Triebe.

vorne: Das Haarmützenmoos *Polytrichum piliferum* besiedelt oberflächlich trockene Bodenstellen.

Gabelflechte *Cladonia furcata*, daneben Blattrosetten der Zwergprimel *Primula minima*.

Fruchtende Krautweiden *Salix herbacea* als Zeiger für Bodenfeuchte.

Abb. 89 Krummseggenrasen *Curvuletum* mit charakteristischer Färbung und gelockten Blattspitzen. Gelbblühend *Leontodon helveticus* Schweizer Löwenzahn.

Länger schneebedeckte, feuchte Ausbildung (4 Monate Aperzeit),
Schneeboden-Variante:

„Hygro-Curvuletum"

(Mittl. Artenzahl 16):
Ligusticum mutellina
Leucanthemopsis alpina
Gnaphalium supinum
Sibbaldia procumbens
Salix herbacea
Luzula alpino-pilosa
Solorina crocea
Potentilla aurea
Geum montanum
Gentiana punctata
Primula glutinosa
Homogyne alpina
Cardamine resedifolia
Polytrichum norvegicum

Windexponierte Ausbildung; flechtenreiches

Curvuletum cetrarietosum

Oreochloa disticha, Vaccinium uliginosum, Loiseleuria procumbens, Juneus trifidus, Elyna myosuroides, Saxifraga retusa, v. a. aber windharte Flechten: *Cetraria nivalis, C. cucullata, C. islandica, Cladonia alpestris, Alectoria ochroleuca, A. nigricans, Thamnolia vermicularis.*

Subnivale Rasenfragmente (2900–3000 m) in günstiger Nischenlage ***Curvuletum* subnivale.** Kennzeichnend ist der hohe Anteil an Polsterpflanzen: *Saxifraga bryoides, S. moschata, Minuartia recurva, Androsace alpina, Cerastium uniflorum, Ranunculus glacialis, Potentilla frigida* (PITSCHMANN UND REISIGL, 1958)

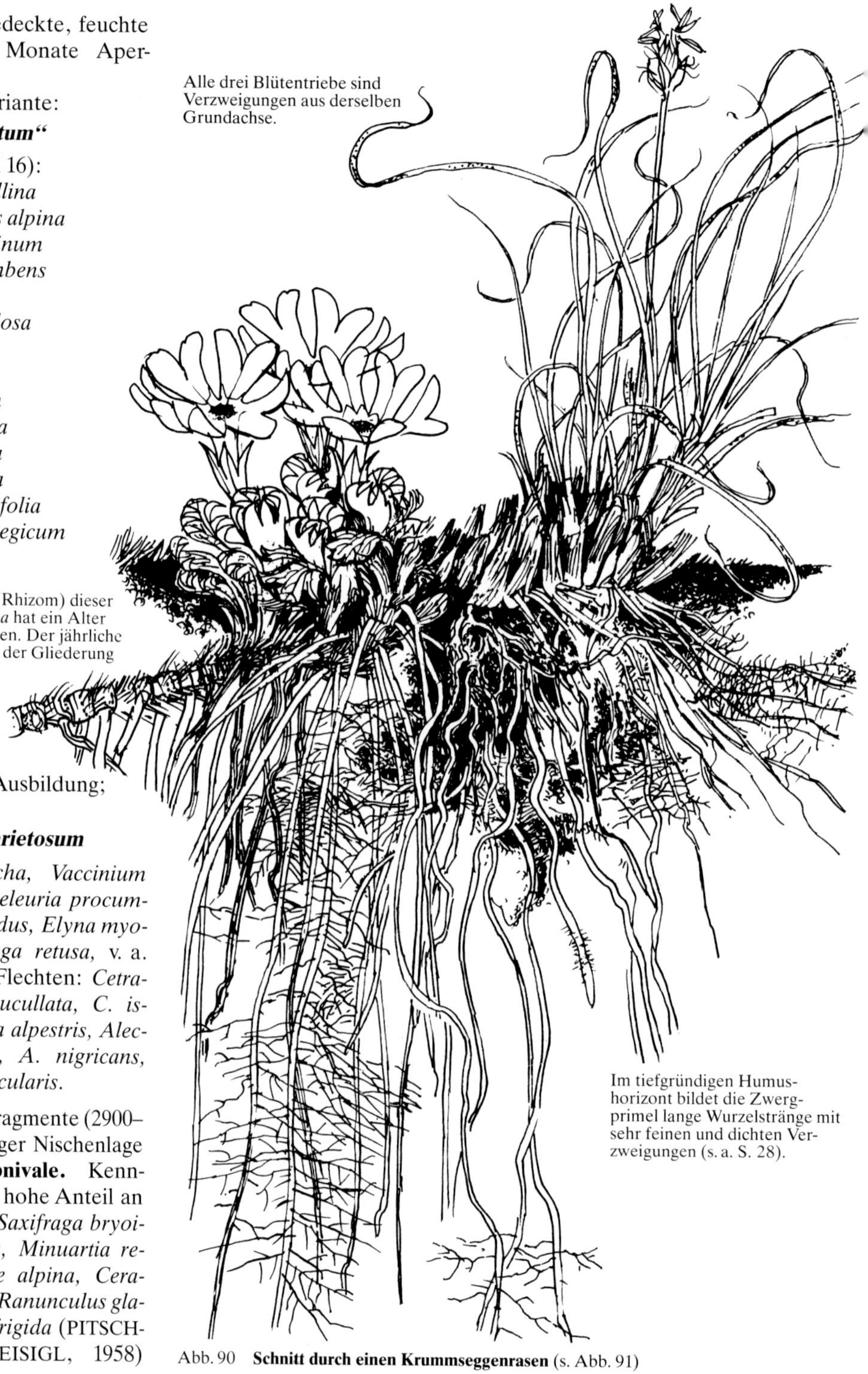

Abb. 90 **Schnitt durch einen Krummseggenrasen** (s. Abb. 91)

Abb. 91 Feuchter Krummseggenrasen *Hygrocurvuletum* mit Zwergprimel *Primula minima*.

Abb. 92 Pelzanemone *Pulsatilla vernalis*

Abb. 93 Zweizeiliges Blaugras *Oreochloa disticha*

Abb. 94 Blauer Speik *Primula glutinosa*

Abb. 95 Zwergprimel *Primula minima*

Abb. 96 Kugelblumenblättr. Teufelskralle *Phyteuma globulariaefolium*

Abb. 97 Stumpfblättr. Mannsschild *Androsace obtusifolia*

Abb. 98 Zwerg-Seifenkraut *Saponaria pumilio*

Abb. 99 Gelbe Hainsimse *Luzula lutea*

Abb. 100 Kerner's Läusekraut *Pedicularis kerneri*

Abb. 101 Flechtenheide mit einzelnen Krummseggenhorsten *Curvuletum cetrarietosum*

Agrostis alpina – Initialgesellschaft des *Curvuletums* auf Rohböden der exponierten Steilhänge und Grate mit langer Aperzeit, bes. auf Chloritschiefer mit *Senecio carniolicus, Festuca halleri, Hieracium glanduliferum* (LECHNER, 1969).

Curvuletum elynetosum auf Kalk-Silikat-Schiefer (Hohe Tauern: *Trisetum spicatum, Saxifraga moschata, Phyteuma globulariaefolium, Minuartia sedoides, Ligusticum mutellinoides*).

„*Festucetum halleri*“: *Festuca halleri* ist im *Curvuletum* ein ± steter Bewohner der trockensten Stellen. In den kontinentalsten Teilen der Innenalpen (Zermatt) tritt der Schwingel teilweise bestandbildend an der Untergrenze des *Cuvuletums* auf windgeschützten warmen Hängen mit über 7 Monaten Aperzeit (2200–2600 m) auf.

Auf windgefegten, trockenen Kuppen lassen die Flechten Platz für kleine Krummseggenhorste.

Abb. 102 Windbartflechte *Alectoria ochroleuca*, Islandmoos *Cetraria islandica* und Sternflechte *Cladonia stellaris* bilden mit der Krummsegge interessante Formkombinationen.

Abb. 103 Die Silikat-Krummsegge *Carex curvula* ssp. *curvula* bildet kurze Blattscheiden, die bald zerfallen.

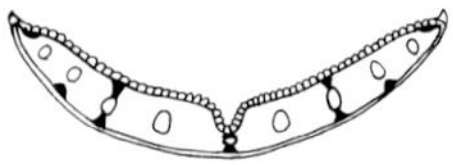

Vergleich der Blattquerschnitte

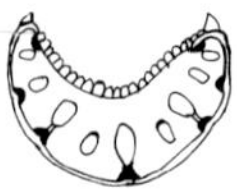

Abb. 104 Die Kalk-Krummsegge *Carex curvula* ssp. *rosae* bildet hohe steife Blattscheiden; sie stehen sehr dicht und zerfallen langsam.

Regionale Gliederung

Ostalpen: ***Primulo-Curvuletum:*** Mehrere geographische Varianten, durch endemische rote Primeln charakterisiert. *Senecio carniolicus, Oreochloa disticha, Saponaria pumila, Valeriana celtica, Armeria alpina.*

Westalpen: ***Senecioni-Curvuletum elynetosum:*** *Senecio incanus, Oreochloa seslerioides, Androsace carnea.*

Caricetum rosae

Im Westen der Alpen (etwa westlich des Lötschenpasses), besonders aber auf den Kalkschiefern der kontinentalen SW-Alpen ist das Sauerboden-*Curvuletum* nur von wenigen Punkten (Tinée, Alpes maritimes, GUINOCHET 1938, GENSAC u. TROTEREAU 1983) bekannt geworden. Dagegen hat GILOMEN (1938) entdeckt, daß die *Curvula*-Rasen der SW-Alpen sich ökologisch wie Kalkrasen verhalten und sich die Pflanzen auch morphologisch gut unterscheiden lassen: Die Blätter sind nur schwach gekrümmt und im Querschnitt halbmondförmig (sehr ähnlich wie bei *Elyna*), Verhältnis Breite: Dicke = 4:1. Diese Pflanze ist als *Carex curvula* ssp. *rosae* beschrieben worden (Abb. 104). Die normale *C. curvula* ssp. *curvula* hat flache dünne Blätter mit einem Breiten/Dickenverhältnis von 12:1 und einer Mittelrille. In den Ostalpen ist *Carex rosae* bisher wenig beachtet worden. Sie scheint dort v. a. auf Glimmersand-Böden der Schieferhülle der Hohen Tauern nicht selten zu sein, muß aber hier mit *Elyna, Sesleria varia* und *Carex rupestris* konkurrieren. Sie bildet daher kaum größere Bestände, sondern lebt als Pionier an der Front der Blaugras-Rasen (z. B. Großglockner, s. Abb. 225): pH 7–8.

Ein im Detail noch zu wenig untersuchtes Problem ist das Vorkommen von *Curvuleten* auf sauren Böden im Kalkgebirge. Die generelle Behauptung von BRAUN-BLANQUET (1926), daß die Entwicklung der Vegetation in der Rasenstufe über allen Gesteinsunterlagen immer durch Humusanreicherung zur Bodenversauerung und damit letztlich zum *Curvuletum* führen müsse, ist in dieser Form sicher unrichtig. An den steileren Hängen der Kalkgebirge führt der Niederschlagsabfluß ständig Ca-reiches Wasser zu, die Beweglichkeit des Schuttbodens liefert von oben frisches Verwitterungsmaterial nach. Nur in den relativ seltenen Plateaulagen und bei niederschlagsreichem Klima kann es durch Hydrolyse zur Entkalkung und Versauerung des Oberbodens kommen. Diese Fälle sind aber sehr selten (Dolomiten) und die Bestände der Krummsegge dort kleinflächig und floristisch verarmt. Eher können Komplexe von Sauerboden-*Curvuleten* und *Seslerieten* bzw. *Elyneten* in den Kalk-Silikat-Gebieten entstehen. Nach ALBRECHT (1969) kommt es z.B. im Glocknergebiet auf den ± ebenen Kuppen von Rundhöckern durch Ca-Auswaschung und Bodenversauerung zur Entstehung von Podsolböden mit *Curvuleten,* während auf den Flanken *Sesleria* und *Elyna* wachsen. OBERDORFER (1959) beschreibt eine ähnliche Situation von Kalkschiefern des Col d'Izoard: sie führt von der bewegten Schutthalde über Kalkrasen (*Seslerio-Avenetum montanae*) und Bodenversauerung zum *Elynetum* und schließlich zum *Senecioni-Curvuletum elynetosum.* Die zentrale Rasengesellschaft über Kalk-Silikat-Gesteinen ist jedenfalls das *Elynetum* (S. 96).

Abb. 105 *Carex curvula*-Horst von oben: In der Mitte „Altersauflichtung", die wieder besiedelt wird.

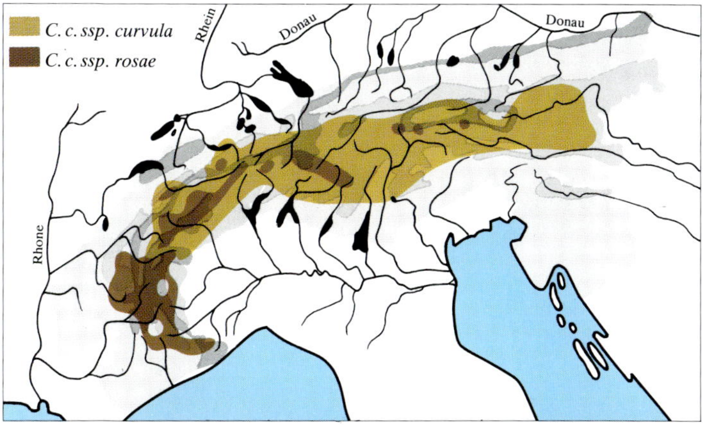

Abb. 106 Verbreitung von *Carex curvula ssp. curvula* auf Silikat und *C. c. ssp. rosae* auf Kalkschiefer (nach GILOMEN, 1939).

Abb. 107 Horst der Kalk-Krummsegge *Carex curvula ssp. rosae* (Herbstfärbung).

Schneeböden im Silikat

Salicetum herbaceae

Abb. 108 Schneeboden im Silikat (Seenplatte bei Obergurgl, ca. 2800 m): Vegetationskomplex aus *Hygrocurvuletum*, Krautweiden *(Salicetum herbaceae)* und Moosschneeböden *(Polytrichetum norvegici)*

Wer Ende Juni in die zentralalpinen Berge steigt, findet bei 2400 bis 2500 m an den Südhängen nur mehr in den Rinnen Schneereste. An den Nordhängen und auf den flacheren Trogschultern sind erst die Krummseggen-Buckel ausgeapert, die Mulden hingegen noch schneebedeckt (Abb. 32). Am Rand der schmelzenden Schneemassen – vereinzelt sogar eine dünne Eiskruste durchbrechend – blühen die ersten Vorboten des Bergfrühlings, die zarten Eisglöckchen (*Soldanella pusilla*). Es ist eine höchst eigenartige, artenarme Gesellschaft von Pflanzenzwergen, die ihren Lebensrhythmus an eine extrem kurze Vegetationszeit von 1–4 Monaten und an die während dieser Zeit ± ständig nassen Böden anpassen konnten. Ein Schnitt durch das Geländerelief (Abb. 31) zeigt schön den allmählichen Übergang von der Rasenvegetation (*Curvuletum*), die die am frühesten schneefreien Kuppen überzieht zu den am längsten im Schnee begrabenen „Schneetälchen" (der Ausdruck stammt von O. HEER 1836). Auch der Boden ändert sich gleichsinnig von einer Rasenbraunerde zu einem mit kolluvialem (zusammengeschwemmtem) Feinsand und fast schwarzem Humus angereicherten nassen Pseudogley-Boden (pH 4,5–6,5). Der Humusgehalt ist deutlich niedriger als in den alpinen Rasen. Mit zunehmender Schneebedeckungsdauer treten zunächst „Schneezeiger" wie *Primula glutinosa, Ligusticum mutellina* und *Leucanthemopsis alpina* in den Vordergrund und erzeugen den einzigen „Blühaspekt" des Jahres. Bald werden die *Carex curvula*-Horste weniger und auch schwächer, bis sie ganz verschwinden und durch

Abb. 109 **Schnitt durch einen Moosschneeboden** *Polytrichetum norvegici*

Schneetälchen-Pflanzen ersetzt werden.

Zwei Haupttypen von Schneeboden-Vegetation über Silikat lassen sich leicht unterscheiden: die **Moos-Schnee-Böden** *(Polytrichetum norvegici)* und im Optimumbereich des *Curvuletums* die **Blütenpflanzen-Schneeböden** *(Salicetum herbaceae)*, in denen die Krautweiden dominieren, begleitet von einigen auch in der Arktis an ähnlichen Stellen weit verbreiteten Spezialisten wie *Sibbaldia procumbens, Gnaphalium supinum, Cerastium cerastoides* und *Ranunculus pygmaeus,* und die durch eine orange Unterseite auffallende Safranflechte (*Solorina crocea*), aber auch von südmitteleuropäischen Gebirgspflanzen, wie *Sedum alpestre, Primula glutinosa, Soldanella pusilla, Alchemilla pentaphyllea, Cardamine alpina, Arenaria biflora.*

Die Krautweide, von LINNEE als „kleinster Baum der Erde" bezeichnet, ist „in der Tat der vollendetste Ausdruck der Anpassung einer Holzpflanze an die extremen Bedingungen der Hochalpen" (SCHRÖTER 1926). Ihre fingerdicken Stämmchen stecken tief im Boden. Die Zweige kriechen an und knapp unter der Bodenoberfläche dahin, nur die rundlichen Blattpaare und die kurzen Blütenkätzchen schauen über die Bodenoberfläche. Im Sommer beginnen dünnere unterirdische Ausläufer zu wachsen, die in wenigen Wochen ca. 5 cm lang werden. Wenn die Blätter vergilben und die Samen reifen, sind auch die Blütenanlagen für das kommende Jahr bereits fertig vorbereitet. Der Hauptstamm stirbt nach etwa 10–20 Jahren ab, die Kriechzweige, die sich mit Adventivwurzeln verankern, werden selbständige Individuen. Ein größerer Krautweidenteppich kann also durchaus ein „Klon" sein, d.h. eine genetisch einheitliche Population von Einzelindividuen, die alle von der gleichen Mutterpflanze abstammen. Die Blüten produzieren reichlich Nektar und werden daher von Insekten bestäubt. Die lang behaarten Samen werden vom Wind vertragen. Besonders eigenartig ist die Wachstumsstrategie: der Zwergweiden-„Wald" wirft im Herbst sein Laub ab und muß seine Assimilationsorgane jedes Jahr neu aufbauen. Die meisten anderen Schneeboden-

Das Alpenschaumkraut *Cardamine alpina* durchwächst mit dünnen langen Wurzeln auch dicke Moospolster.

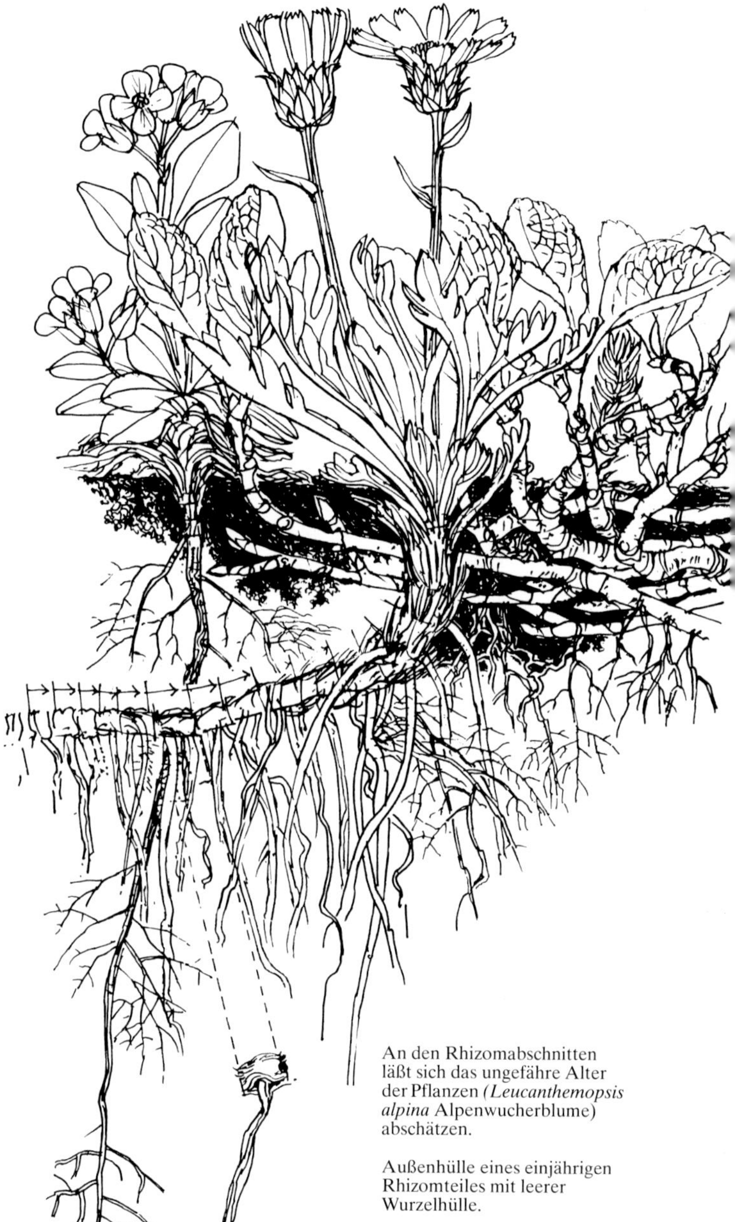

An den Rhizomabschnitten läßt sich das ungefähre Alter der Pflanzen *(Leucanthemopsis alpina* Alpenwucherblume) abschätzen.

Außenhülle eines einjährigen Rhizomteiles mit leerer Wurzelhülle.

Abb. 110 **Unterschiedliche Wurzelstrukturen in einem Krautweidenteppich** *Salicetum herbaceae*

Abb. 111 Alpenwucherblume *Leucanthemopsis alpina,* einer der auffallendsten Blüher des Schneebodens.

pflanzen überwintern grün und vermehren sich vegetativ durch Kriechsprosse. Erstaunlicherweise funktioniert auch die Fortpflanzung durch Samenbildung: die Keimfähigkeit liegt meist über 70%. Die einjährige Lebensform fehlt in der Schneebodenvegetation überhaupt.

Nach neueren Untersuchungen von PÜMPEL (1977) im Glocknergebiet (2300 m) ist die oberirdische Phytomasse eines 3 cm hohen *Salix herbacea*-Spalieres mit nur 200 g/m^2 nur ein Viertel so groß wie im *Curvuletum*. Sie geht fast zur Gänze wieder als Streu an den Boden zurück. Trotz optimaler Lichtausnutzung der ± flach ausgebreiteten Blätter können in zwei Monaten Produktionszeit nur 20 g Trockensubstanz $/m^2$ (gegenüber dem Vielfachen beim *Curvuletum*, dessen Produktionszeit auch fast dreimal so lang dauert) erwirtschaftet werden.

Abb. 112 Die braune Hainsimse *Luzula alpino-pilosa* bildet im feuchten, lang schneebedeckten Schutt oft große Bestände.

Abb. 113 Schneeboden-Landschaft mit blühendem Zwergruhrkraut *Gnaphalium supin.*

Das Zwergruhrkraut *Gnaphalium supinum* streckt seine starken Wurzeln durch die unterirdischen Weidenzweige.

Die Krautweide trägt an einem Zweig (Kurztrieb) meist nur zwei fast gegenständige Blätter.

Über Felsstücken liegen die Krautweidentriebe dicht gedrängt, im tiefen Humus sind sie baumartig ausgebreitet.

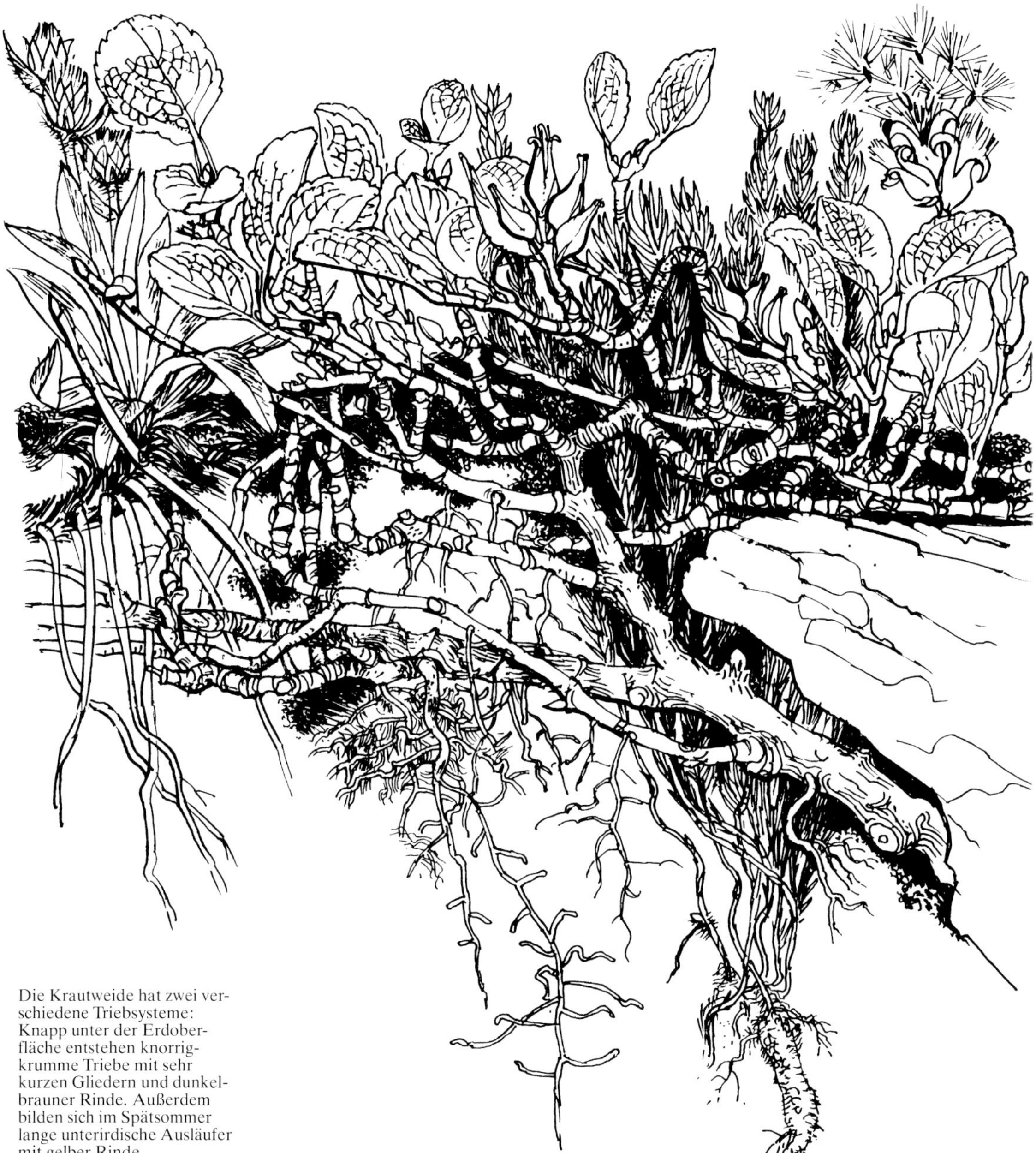

Die Krautweide hat zwei verschiedene Triebsysteme: Knapp unter der Erdoberfläche entstehen knorrigkrumme Triebe mit sehr kurzen Gliedern und dunkelbrauner Rinde. Außerdem bilden sich im Spätsommer lange unterirdische Ausläufer mit gelber Rinde.

Die Triebanfänge des Mooses reichen tief in den Boden und sind von einem dichten Wurzelfilz umgeben.

Abb. 114 **Schnitt durch einen Krautweiden-Schneeboden** *Salicetum herbaceae.*

Abb. 115 Das Zierliche Eisglöckchen *Soldanella pusilla* ist einer der ersten Frühjahrsblüher, der oft den schmelzenden Firn durchwächst.

Abb. 116 Gelbling *Sibbaldia procumbens*

Abb. 117 Mutterkraut *Ligusticum mutellina*

Abb. 118 Safranflechte *Solorina crocea*

Abb. 119 Blütenkätzchen der Krautweide *Salix herbacea*

Pflanzengesellschaften

In den Moos- wie in den Blütenpflanzen-Schneeböden lassen sich eine Reihe von Ausbildungen unterscheiden: Bei wenigstens 4 Monaten Schneefreiheit vermittelt die *Ligusticum mutellina* – Facies zum *Hygro-Curvuletum*, die *Gnaphalium supinum* – Facies zu den Moos-Schneeböden (*Polytrichetum norvegici*: 1–3 Monate Aperzeit) mit sehr wenigen Samenpflanzen, wo neben dem dominierenden, dunkel braungrünen *Polytrichum norvegicum* v. a. die blaugrauen Überzüge winziger Lebermoose (*Anthelia*) auf von Schmelzwasser überronnen Rohböden auftreten.

Eine Mittelstellung zwischen Schneeböden und Schuttgesellschaften nehmen die **Braunsimsen-Rasen** (*Luzuletum alpino-pilosae*) ein, die im Feinschutt feuchter, lang schneebedeckter Hochkare größere, fast reine Bestände bilden können (Abb. 112). Im Gegensatz zu den „echten" Schneeböden ertragen sie staunende Nässe nicht, wachsen daher bevorzugt an etwas steileren Nordhängen.

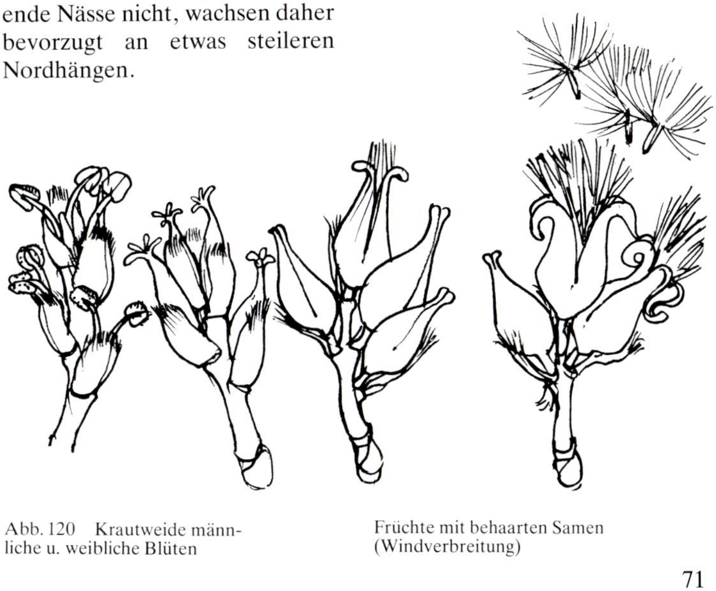

Abb. 120 Krautweide männliche u. weibliche Blüten

Früchte mit behaarten Samen (Windverbreitung)

Schneeböden auf Kalk
Salicetum retusae-reticulatae

Im Kalkgebirge sind Schneemulden weniger weit verbreitet und auch schwerer besiedelbar, weil sie häufig am Fuß von Grobschutthalden entstehen, die der Besiedelung durch Pflanzen kaum zugänglich sind. Nur wo zwischen den groben Steinen auch Feinerde eingeschwemmt wird, können Schuttgesellschaften Fuß fassen. Mit den Bodenbedingungen der Krautweiden-Schneeböden sind sie kaum vergleichbar, weil zwar die Schneebedeckung ähnlich lang ist, aber durch die größere Durchlässigkeit des Kalkschuttes kaum Staunässe entsteht. RAFFL (1982) nennt einige Schneeböden der Texelgruppe sogar „während der kurzen Aperzeit (3 Monate) recht trocken". Verzahnungen mit *Festuca pumila* – und sogar *Carex curvula*-Rasen kommen dort vor. Zwei nicht scharf zu trennende Ausbildungen solcher Schuttvereine, welche lange Schneebedeckung ertragen, lassen sich unterscheiden. Schwerpunkt der Verbreitung ist die Höhenlage zwischen 2400 und 2800 m. Der Humusgehalt des Bodens kann bis 20% betragen, der pH-Wert liegt bei 6,5–7. Im Endstadium der Sukzession wandert auch über Kalk die Krautweide (*Salix herbacea*) ein.

Die Blaukressen-Flur (*Arabidetum coeruleae*) kommt ± kleinflächig in Mulden mit zusammengeschwemmter mineralischer Feinerde (bis 10 cm) bei einer Aperzeit von nur 2–3 Monaten vor.

Die Triebe umwachsen oder durchdringen Horste und Polster anderer Pflanzen. Hier Alpen-Hahnenfuß *(Ranunculus alpestis)* und Polstersegge *(Carex firma)*.

Aus der Dicke der Triebgabeln kann man ersehen, wer zuerst am Standort war.

Abb. 121 Die Stumpfblättrige Weide *Salix retusa* breitet sich nur oberirdisch aus (vergl. Krautweide).

Abb. 122 Dunkler Mauerpfeffer *Sedum atratum*

Abb. 123 Alpenglöckchen *Soldanella alpina*

Abb. 124 Mannsschild-Steinbrech *Saxifraga androsacea*

Die Spalierweidenteppiche der stumpfblättrigen und der netzblättrigen Weide (*Salicetum retusae-reticulatae*) besiedeln eher die Grobschuttböden bei etwas längerer Aperzeit (3–4 Monate). *Salix retusa* verliert wie *S. herbacea* im Herbst ihr Laub, obwohl die glänzenden, etwas ledrigen Blätter den Eindruck einer „Immergrünen" erwecken. Im Humus der Blattstreu können sich Rasenpflanzen ansiedeln, so daß die Entwicklung bei nicht zu langer Schneebedeckung zum *Seslerio-semperviretum* oder *Elynetum* führen kann. Mit meterlangen Wurzeln im Kalkschutt verankert, ist die stumpfblättrige Weide auch ein vorzüglicher Schuttstauer.

Char. Artenkombination:
Arabis coerulea, Potentilla brauneana, Saxifraga androsacea, Hutchinsia brevicaulis, Gnaphalium hoppeanum, Ranunculus alpestris, Carex parviflora, Veronica alpina

Salix retusa ist eine altaisch-europäische Gebirgspflanze mit großer ökologischer Spannweite und Höhenamplitude (die der Arktis fehlt). Von 500 m (feuchter Dolomitschutt, überrieselte Felsen, steile Kalkschiefernordhänge) steigt sie bis über 3000 m, ihre Verwandte, die Quendel-Weide (*S. serpyllifolia*) mit nur 4 mm kleinen Blättern und sehr dichten Spalieren – die klimahärteste aller Gletscherweiden – ist eine echte Pionierpflanze, die im Kalkgebirge höher als die meisten Rasen steigt (bis 3400 m). Die netzblättrige Weide *S. reticulata* ist circumarktisch-alpin verbreitet und besiedelt eher trockenere Stellen, zusammen mit vielen anderen Kalkschutt- und Felspflanzen (*Dryas, Carex firma, Sesleria*).

Abb. 125 Stumpfblättrige Weide *Salix retusa* in Blüte

Abb. 126 Stumpfblättrige Weide in Frucht

Abb. 127 Netzblättrige Weide *Salix reticulata*

Abb. 128 Kalkschutthalde mit verschiedenen Stadien der Besiedlung durch Blaugras-Horstseggenrasen *(Seslerio semperviretum)*

Kalkrasen

Seslerion coeruleae

Blaugras-Horstseggenrasen

Seslerio-Sempervivetum

Wie in den einleitenden Kapiteln (S. 8–11, Boden) dargelegt wurde, heben die Gebirgsstruktur und Verwitterung (Mengenverteilung von ± kahlen Felswänden und Schutthalden), die Bodenbildung und die Wirkung des Ca-Ions auf die Pflanzen, die Kalk-, Dolomit- und Marmorberge der Alpen scharf ab von den Silikatketten. Offene Kalkschutthalden reichen manchmal bis ins Tal herab; eine ganze Reihe von Pflanzen vermag eine erstaunliche Höhen- und damit auch Klimaamplitude zu überspannen (*Sesleria varia*). Das spricht dafür, daß die Anpassungsfähigkeit an das schwierigere Ionen-Milieu im Kalkgebirge der wichtigste Faktor für die Auswahl der am Standort konkurrierenden Pflanzen ist. Die lokale Klimasituation der thermischen Höhenstufen sortiert dann in wärmeliebende Lebensgemeinschaften (*Seslerio-semperviretum*) der tieferen Lagen und Südhänge und in kälteertragende der höheren und absonnigen Bereiche bis zu den Gipfeln (*Caricetum firmae*). Nur die Rasen-Dominanten und eine charakteristische Begleitergruppe kennzeichnen die Höhenstufe, während eine breite Palette von ± weit verbreiteten „Kalkzeigern“ alle Kalkrasen zusammenhält.

Wenn man von „blühenden Alpenwiesen“ spricht, so können nur zwei Rasentypen gemeint sein: entweder die niedrigen sauren Weiderasen des Bürstlings (*Nardetum*) oder die hochstengeligen Blaugrasfluren der warmen Kalksteilhänge, die in ihrer Üppigkeit oft Talwiesen kaum nachstehen und gleich diesen in früheren Zeiten da und dort von den Bergbauern oft unter Lebensgefahr gemäht wurden („Wildheu-Planggen“). Man muß einmal im Arlberggebiet oder den Lechtaler Alpen, in den Dolomiten oder am Mte. Baldo einen jener Steige gegangen sein, im Juli, wenn die fahlgrünen, glänzenden Hochrasen im vollen Blumenschmuck sich im Winde wiegen! Die Entwicklung von der Schutthalde zum ± geschlossenen Rasen kann man überall verfolgen: zuerst werden durch Pionierpflanzen wie *Dryas* oder Spalierweiden ruhende Inseln in der rutschenden Schutthalde geschaffen, von denen die Vegetation nach unten und oben streifenförmig vordringen kann (Abb. 128). Durch seitliche Verbreiterung dieser grünen Striche schließt sich die Rasenvegetation allmählich, aber auf gröberem Schutt nie völlig. Durch die Schwerkraft und die Durchfeuchtung bei der Schneeschmelze bewegt sich die Halde, der Boden fließt langsam aber stetig bergab, immer wieder stürzt auch von oben neuer Verwitterungsschutt nach. So entstehen jene charakteristischen Mosaike der „Treppenrasen“ mit ihren offenen Erosionslücken auf kleinen, flachen, ruhigen Absätzen, wo sich Kräuter ansiedeln können und den Stirnwülsten der nach unten gewölbten, dicht geschlossenen Grashorste. Eine Bodenschicht aus den Resten der ursprünglichen Schuttpioniere

Abb. 129 Berghähnlein *Anemone narcissiflora* im *Seslerio-semperviretum.*

Abb. 130 **Schnitt durch eine Blaugras-Horstseggenrasen-Gesellschaft** *Seslerio-Semperviretum*

Durch Überlagerung von zwei verschiedenen Strukturen: dichte Horste (*Carex sempervirens)* und lockere Horste *(Sesleria caerulea)* mit dünnen, verzweigten, kriechenden Einzeltrieben entstehen Zwischenräume für vielerlei Pflanzenformen. Darin entwickelt sich die Artenvielfalt des Blaugrasrasens.

Die Schneeheide *Erica herbacea* dringt durch die Seggenhorste und besiedelt besonders die steile Front der Rasentreppen.

Blaugras *(Sesleria caerulea)* und Horstsegge *(Carex sempervirens)* bilden einen sehr dicht verfilzten Wurzelkörper, der aber von anderen Pflanzen durchwachsen werden kann.

Weit oben stehende Wurzeltriebe aus den Blattscheiden von *Sesleria caerulea.*

Der Alpen-Frauenmantel *Alchemilla alpina* wächst hier „gleitend" auf die Rückseite eines Horstes auf. Durch den lockeren Sproßverband von *Sesleria* kann er Wurzeln nach unten treiben.

In den Zwischenräumen der Blaugrastriebe steht hier mit eigenartigen verdickten Rübenwurzeln der giftige Südalpen-Hahnenkamm *(Ranunculus thora)*

Abb. 131 Gestreiftes Steinröschen
Daphne striata

Abb. 132 Frühlingsheide *Erica herbacea*

Abb. 133 Frühlings-Enzian
Gentiana verna

Abb. 134 Brillenschötchen
Biscutella laevigata

Abb. 135 Edelweiß
Leontopodium alpinum

Abb. 136 Berg-Spitzkiel
Oxytropis jacquinii

(*Dryas, Salix serpyllifolia,* Polster von *Silene acaulis* und *Saxifraga*-Arten) wird von mittelhohen Kräutern und einer noch höheren Schicht der Grasartigen und mancher Hochstauden (*Senecio doronicum, Gentiana lutea, Paradisia*) überragt. *Sesleria* und *Carex sempervirens* selbst tragen als tüchtige Schuttstauer von Anfang an zur Besiedlung der Halde bei. An schrofigen Kalkschieferhängen und in Lawinenbahnen dringen solche Rasen bis in den subalpinen Wald hinunter vor. Auch in lichten Wäldern und Legföhrenbeständen, die die alten Überschwemmungsflächen der Talgründe erobert haben, kann man auf flachgründigen jungen Geröllböden geschlossene *Seslerio-semperviretum*-Wiesen als Unterwuchs antreffen. Wir wollen aber v. a. die Rasen der alpinen Stufe betrachten: obwohl noch keine Untersuchungen über die Struktur und das Bestandesklima durchgeführt wurden, sieht man an der Üppigkeit dieser Vegetation, daß hier die Lebensbedingungen so günstig wie wohl sonst nirgends in dieser Höhenlage sind.

REHDER (1975) hat die Phytomasse von vier kalkalpinen Rasentypen miteinander verglichen. Dabei liegt das *Seslerio-semperviretum* mit einem Biomassen-Zuwachs von 200 g Trokkensubstanz/m^2/Jahr etwa in der Mitte zwischen dem schwachwüchsigen *Firmetum* und dem produktiven Feuchtrasen der Rostsegge. Der Zuwachs steht im Gleichgewicht mit der Mineralisierung der Streu.

Abb. 137 Große Mehlprimel
Primula halleri

Abb. 138 Feld-Spitzkiel
Oxytropis campestris

Abb. 139 Alpen-Anemone
Pulsatilla alpina

Abb. 140 Blaues Lungenkraut
Pulmonaria visianii

Abb. 141 Alpen-Tragant
Astragalus alpinus

Abb. 142 Alpenaster *Aster alpinus*

Abb. 143 Sporn-Veilchen *Viola calcarata*

Abb. 144 Gemswurz-Kreuzkraut
Senecio doronicum

Abb. 145 Kugelorchis
Traunsteinera globosa

Abb. 146 Felsiger Blaugras-Rasen mit Aurikeln *Primula auricula*

Pflanzengesellschaften

Das *Seslerio-semperviretum* umfaßt also einen ± breiten Komplex von Entwicklungsstadien, in dem meist noch die ursprünglichen Pioniere der Schutthalden zu finden sind. Der ± gefestigte und weitgehend geschlossene Rasen *Seslerio-semperviretum typicum* ist durch eine schwachsaure verbraunte Rendzina mit pH 6,5 (5,6–7,4) und das weitgehende Fehlen von Säurezeigern in der Artenkombination gekennzeichnet. In den Ausbildungen tieferer Lagen und warmer Südhänge (2000–2300 m) tritt *Erica herbacea* stärker hervor. Im Bereich der zentralalpinen Reliktföhrenwälder über Dolomit erreicht die Erdsegge (*Carex humilis*) höhere Anteile im Blaugrasrasen. In den *Seslerio-Sempervireten* der trokkenwarmen Südhänge (Dauer der Aperzeit: über ein halbes Jahr) erreichen viele Alpenpflanzen ihre höchsten Standorte überhaupt (*Erica, Polygala chamaebuxus*, über 2600 m!). Da der Winterschnee früh schmilzt oder abrutscht, reicht das Schmelzwasser nicht über den Sommer, so daß mit einer Anspannung des Wasserhaushalts zu rechnen ist. Dafür sprechen auch Anpassungsmerkmale wie wollige Behaarung und dicke Blattepidermis, die als Verdunstungsschutz gedeutet werden können. Die Artenzahl im typischen *Seslerio-Sempervíretum* ist meist sehr hoch (über 50), wobei mindestens 20 Arten in mehr als 80% aller Aufnahmen vorkommen.

Charakteristische Artenkombination:
Hieracium villosum, H. bifidum
Pedicularis verticillata
P. rostrato-capitata
P. elongata (Süd-A.)
Oxytropis jacquinii
Leontopodium alpinum
Crepis alpestris
Erigeron neglectus
Centaurea scabiosa var. alpestris
Scabiosa lucida
Minuartia verna
Helianthemum alpestre
Gentiana verna, G. clusii
Campanula scheuchzeri
Euphrasia salisburgensis
Ranunculus hybridus (Ost-A.)
R. thora (West-A.)
Saussurea alpina
Senecio doronicum
Aster alpinus
Potentilla crantzii
Hedysarum hedysaroides
Myosotis alpestris
Erica herbacea

Abb. 147 **Struktur eines Blaugras-Horstseggenrasens.**

Die Wuchsform der beiden Leitpflanzen ist grundverschieden, ergänzt sich aber in der Pflanzengemeinschaft aufs beste: *C. sempervirens* ist ein echter Horstbildner, bei dem die Tochtertriebe innerhalb der Blattscheiden am Grund des Muttertriebes entstehen und sich zu dichten Triebbündeln zusammenschließen. *Sesleria varia* hingegen bildet lange Ausläufer, die sich wie Speerspitzen auch durch dichte *Carex*-Horste bohren. So kann ein verwobenes Horstsystem mit unterschiedlicher Dichte entstehen.

Grundeinheit des Blaugrasrasens *(Seslerio-sempervire-tum):* dickes Einzeltriebbündel der Horstsegge *(Carex sempervirens)* und dünne Einzeltriebe des Blaugrases *(Sesleria caerulea)*

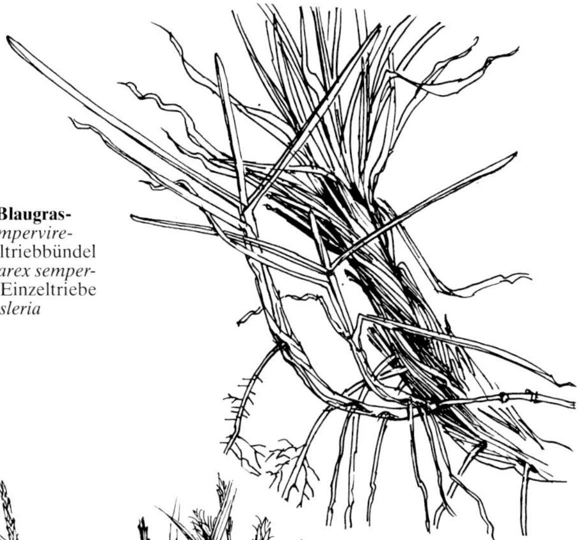

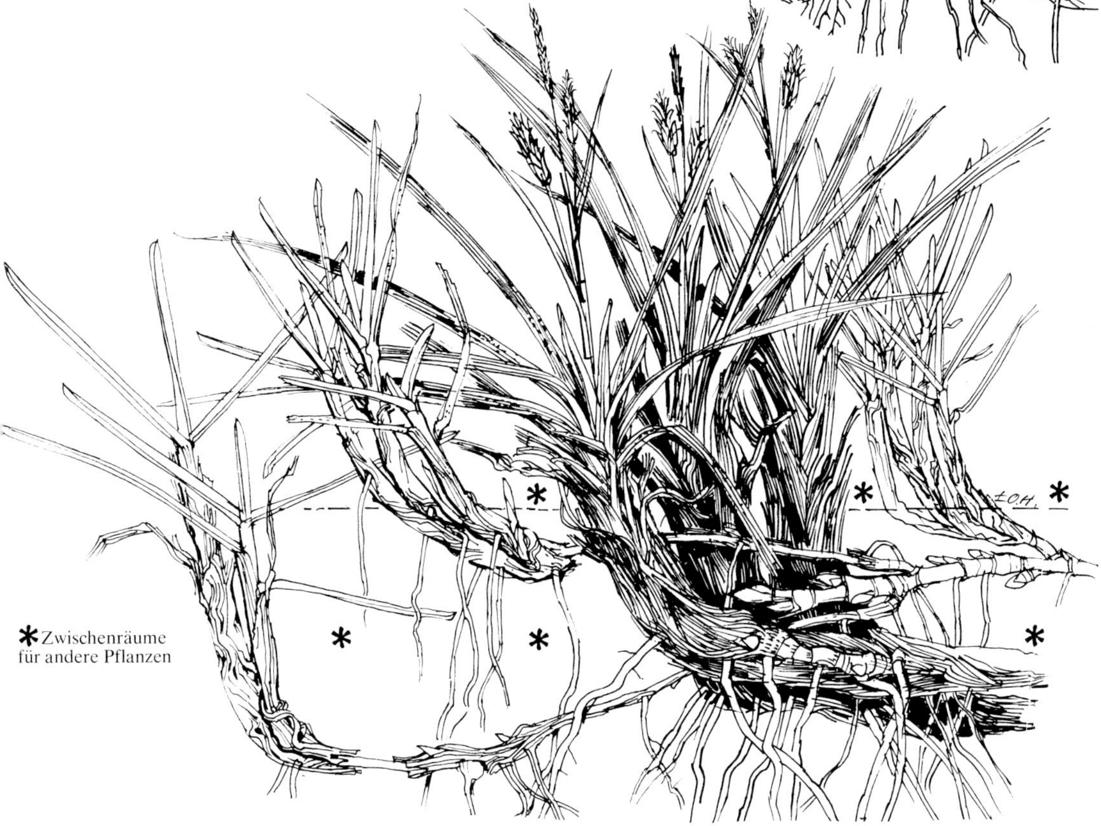

* Zwischenräume für andere Pflanzen

Das Blaugras *(Sesleria caerulea)* ist das „dynamische Element" mit Einzeltrieben und lockeren Horsten, die sich durch Verzweigung und Streckung der Grundachse bilden. Die alten Blätter werden rasch abgebaut.

Die Horstsegge *(Carex sempervirens)* ist das „statische Element" mit dicken, dichtgepackten Einzeltrieben und einer derben, sich nur langsam zersetzenden „Strohtunika" aus alten Blättern. Die starken Horste haben ein hohes Bodendeckungsvermögen.

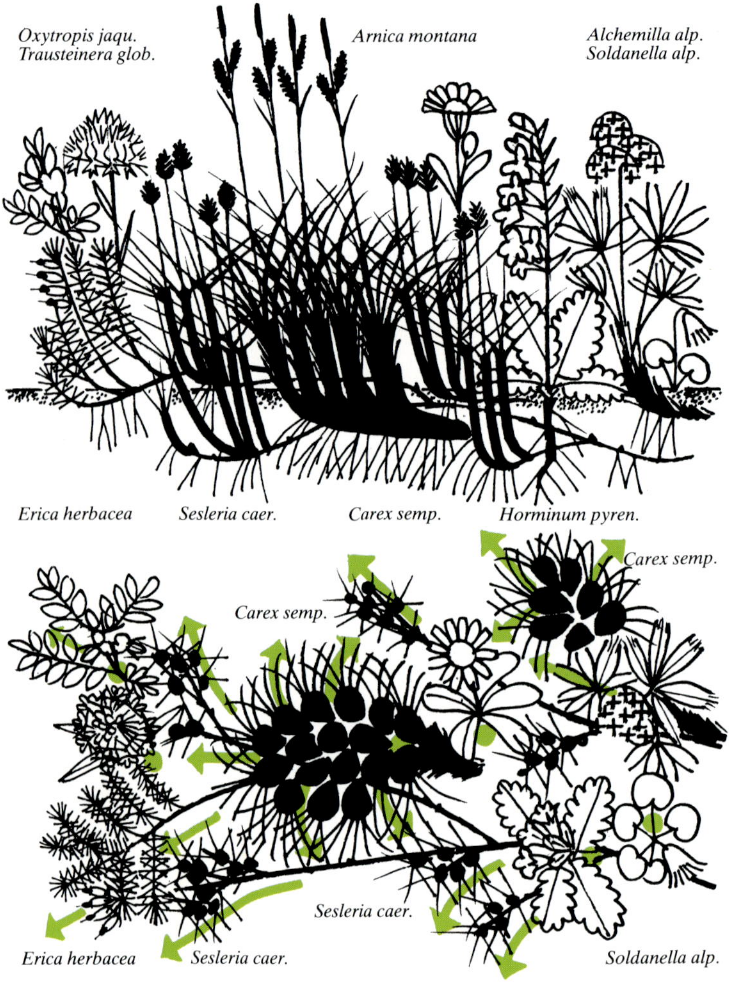

Abb. 148 Schematische Architektur eines *Seslerio-Semperviretums,* oben im Längsschnitt, unten im Querschnitt.

Daphne striata
Thymus polytrichus
Galium anisophyllum
Biscutella laevigata
Bartsia alpina
Carduus defloratus
Saxifraga paniculata
Anthyllis alpestris
Primula auricula
P. farinosa, P. halleri
Acinos alpinus
Pulsatilla alpina
Achillea clavenae
Thesium alpinum
Gypsophila repens

Valeriana montana
Festuca violacea
Poa alpina

Seslerio-Semperviretum festucetosum pumilae:

Die Variante höherer Lagen (bis gegen 2900 m), meist nur in kleinen Rasenflecken und Bändern auf trockenen Felsverwitterungsböden entwickelt: Sie unterscheidet sich v.a. durch höheren Anteil des schönen Zwergschwingels (*Festuca pumila* mit großen violett-gold gescheckten Ähren).

Silene acaulis
Saxifraga moschata
Carex rupestris
Salix serpyllifolia
Agrostis alpina

Auf den teilweise sehr steilen (bis 60°) südseitigen Kalkschieferhängen der Ostalpen ist das *Seslerio-Semperviretum saussuretosum alpinae* ähnlich aufgebaut wie die typische Ausbildung der reinen Kalkberge, nur begünstigt die leichte Versauerung das Auftreten einer „*Elynetum*-Gruppe“:
Oxytropis campestris
Elyna myosuroides
Arenaria ciliata
Juncus jacquinii
Botrychium lunaria
Cerastium alpinum
Erysimum sylvestre agg.

In schattiger Nordlage steigt eine moosreiche, an Charakterarten arme Ausbildung weniger hoch (bis 2600 m):
Astragalus frigidus
Salix retusa
Dicranum fuscescens
Drepanocladus uncinatus

Im Kalkschiefergebiet kann die Versauerung durch Kalkauswaschung dazu führen, daß mit der Zeit *Sesleria* durch *Carex sempervirens* stark zurückgedrängt wird. Dann tritt eine Gruppe von Säurezeigern auf: *Avenula versicolor, Pulsatilla apiifolia, Vaccinium*-Arten, *Gentiana punctata.* Eine Entwicklung zum *Elynetum* ist denkbar.

In den Südwestalpen ist *Carex sempervirens* bis zum Mt. Cenis verbreitet; ihre Rolle wird von einem Hafer (*Helictotrichon sedenense*) übernommen. die Gesellschaft ist als *Seslerio-Avenetum montanae* beschrieben worden: *Onobrychis montana, Astragalus sempervirens.*

Rostseggenrasen

Caricetum ferruginei

Abb. 149 Rostseggenrasen *(Caricetum ferrugineae)*

Vom subalpinen Wald aus gerade noch die alpinen Rasen erreichend (2000–2500 m), wächst in mäßig steilen schattigen Mulden bei mittlerer Schneedeckendauer das feine Gehälm der Rostsegge, die in ihrer Tracht stark an die Horstsegge erinnert, aber v. a. durch die überhängenden weiblichen Ährchen an haarfeinen Stielen zu unterscheiden ist. Der Rostseggenrasen bevorzugt frische bis feuchte, auch wasserzügige tiefgründige Böden, wie sie sich auf tonigen Mergeln und Schiefern bilden. Wegen der vielen breitblättrigen Gräser (zweithäufigstes Gras ist *Festuca pulchella*) ist der Rostseggenrasen eine geschätzte Weide.

C. ferruginea bildet an der Basis ihrer Einzeltriebe keine Strohtunika aus. Daher sind die Horste im Zentrum noch dichter gepackt als bei *C. sempervirens*. Die Tochtertriebe entstehen nicht wie bei *C. sempervirens* innerhalb der Blattscheide, sondern brechen durch diese durch und bilden Ausläufer. Die Rostsegge vereinigt also in einer Pflanze die beiden Wuchsstrategien von *Sesleria* und *C. sempervirens:* Horst- und Ausläuferbildung (Abb. 150).

Charakteristische Artenkombination:

Campanula thyrsoidea, Pedicularis foliosa, Hedysarum hedysaroides, Astragalus frigidus, Festuca pulchella, Helictotrichon pubescens, Ranunculus montanus, Knautia sylvatica, Trollius europaeus, Crepis aurea, Parnassia palustris, Trifolium pratense ssp. nivale, Poa alpina, Phleum alpinum.

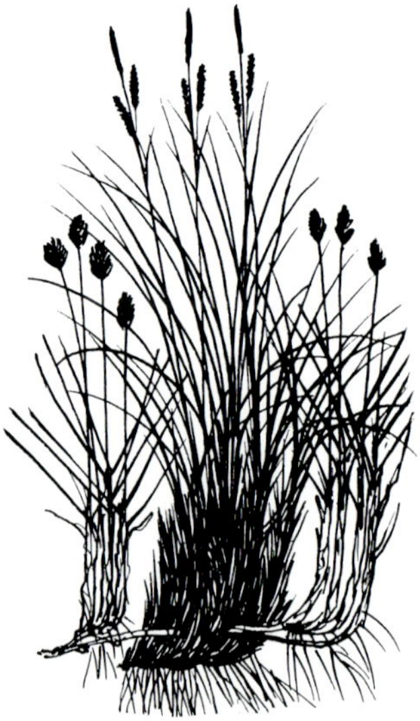

Abb. 150 Struktur des Blaugras-Horstseggenrasens: „Wanderhorst" = Blaugras *(Sesleria caerulea)* „Standhorst" = Horstsegge *(Carex sempervirens)*. Diese Bauelemente vereinigt die Rostsegge in ihrer Horstarchitektur in einer Pflanze.

Abb. 151 Die Rostsegge kann durch das Fehlen einer dicken Beblätterung an der Basis dichte Horste bilden („Standhorst-Element"). Gleichzeitig entstehen durch extravaginale Ausläufer („Wanderhorst-Element") Zwischenräume für andere Pflanzen. (s. Abb. 148).

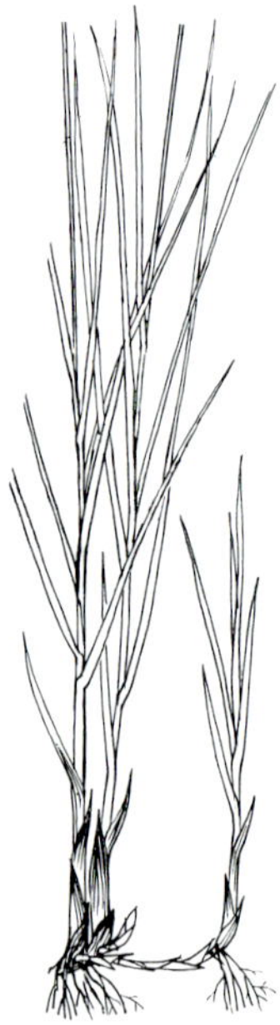

Abb. 152 Einzelhalme der Rostsegge mit Übergang von schuppigen Grundblättern zu Laubblättern.

Abb. 153 Reichblättriges Läusekraut
Pedicularis foliosa

Abb. 154 Süßklee
Hedysarum hedysaroides

Abb. 155 Strauß-Glockenblume *Campanula thyrsoides*

Violett-schwingelrasen

Festucetum violaceae

± Eng mit dem *Seslerio-Semperviretum* verknüpft sind die saftiggrünen, fein- und weichblättrigen Violettschwingelrasen. Die Standorte sind aber nicht so steil, die Böden feuchter (Mulden, Rinnen, alte Abwitterungshalden im Kalkschiefer), wie sie v. a. in Lawinenzügen vorherrschen. Der Violettschwingel mit seinen dunkelvioletten überhängenden Blütenrispen ist ein gutes Weidegras, dessen Bestände früher auch gemäht wurden. Er ist ein Schuttfestiger des Kalk- und feinen Gneisgruses, besonders aber der Chloritschiefergebiete. Dort bildet er ähnliche Treppenrasen wie die Blaugras-Horstseggengesellschaften. Durch Düngung wird der Violettschwingel stark gefördert und wächst mit Hochstauden: Eisenhut (*Aconitum napellus*), Kratzdistel (*Cirsium spinosissimum*), Waldstorchschnabel (*Geranium sylvaticum*) in typischen Gemsläger-Fluren. Die Höhenverbreitung reicht von 1700–2600 m (bis über 3000 m).

Festuca violacea tritt in mehreren Rassen auf:

ssp.picta mit kantigen Stengeln und aufrechten Rispen (nur in den östlichen Alpen)

ssp.norica mit starren borstigen Blättern ist der Ökotyp der ± neutralen Böden. Die Rasen verzahnen sich oft mit dem *Seslerio-Semperviretum,* die Artenkombination ist ähnlich

ssp. nigricans mit flachen (2 mm) Blättern ist der Ökotyp der ± sauren Böden. Sauerbodenzeiger des *Curvulo-Nardetums* kommen vor.

Abb. 156 Trichterlilie *Paradisia liliastrum* in einer reichen Blumenwiese der Südalpen.

Die Violettschwingelrasen ersetzen über 2400 m die Rostseggenrasen, über 2500 m teilweise auch die *Carex sempervirens*-Bestände.

Grauschwingelhalde

Laserpitio-Festucetum alpestris

Die südalpische Ausbildung über Kalk in tieferer Lage (1300–2000 m). Sehr trockene schrofige und steile Südhänge (bis 70% Neigung) werden von offenen Treppenrasen aus mächtigen Horsten von stark stechenden, dickborstigen Blättern des Südalpenschwingels besiedelt. Die Böden sind wenig reife, skelettreiche Protorendzinen. Die Vegetation ist artenreich (im Mittel 55 A., PEDROTTI 1970): *Laserpitium siler, Genista radiata, Stachys alopecuros, Helictotrichon parlatorei, Sesleria varia, Buphthalmum salicifolium, Carex humilis, Ligusticum seguieri, Scabiosa graminifolia, Linum viscosum, Teucrium montanum, Anthericum ramosum, Euphrasia tricuspidata.*

Aus den südlichen Kalkalpen (Grigna, Comersee) hat SUTTER (1962) eine eigene Gesellschaftsgruppe von Kalkrasen der hochmontanen und subalpin-alpinen Stufe beschrieben, die sich durch das Auftreten der Südalpensegge und zahlreiche südliche, teilweise endemische Begleiter von den nordalpischen *Seslerio-Sempervireten* abheben.

Dieses ***Caricion austroalpinae*** ist endemisch vorallem zwischen Comosee und Venezianischen Voralpen artenreich (70 A.) vertreten: *Tulipa australis, Fritillaria burnatii, Scabiosa vestina, Primula spectabilis, P. glaucescens.*

Carex austroalpina vertritt in den Südalpen die ähnliche Rostsegge *(C. ferruginea)* der Nordalpen. Unterschiede: keine Ausläufer, sehr schmale Blätter (1-2 mm).
Gesellschaften:
Asphodelo-Caricetum austroalpinae (1300–1600): *Asphodelus albus, Veratrum nigrum, Stachys densiflora, Knautia baldensis.*
Seslerio-Cytisetum emeriflori (1300–1600 m): *Cytisus emeriflorus, Laserpitium nitidum, Carex baldensis, Arabis pauciflora, Knautia velutina, Pedicularis gyroflexa.*
Hormino-Avenetum parlatorei (1600–2000 m): *Helictotrichon parlatorei, Horminum pyrenaicum, Trisetum alpestre, Oxtropis huteri, Allium insubricum.* – Der Schutthafer *(Helictotrichon parlatorei)* kommt auch in den nördlichen Kalkalpen (nicht sehr häufig) als Besiedler von Ruhschutthalden vor (Abb. 157).

Buntschwingelhalde

Festucetum variae

Offene Treppenrasen aus großen, im Umriß kugeligen Horsten (bis 50 cm) mit borstlichen stechenden Blättern. Auf steilen Südhängen der südlichen Silikatketten (Wallis, Bergamasker Silikatalpen) von 1800–2800 (3000 m), im Tessin bis 200 m herab. Durch die große Höhenamplitude wechselt die Kombination der durchwegs wärmebedürftigen und trockenheitsertragenden Begleitpflanzen: *Bupleurum stellatum, Potentilla grandiflora, Saxifraga cotyledon, Phyteuma scheuchzeri, Artemisia campestris, Lilium croceum, Carex sempervirens, Juncus trifidus, Avenula versicolor, Silene rupestris, Arctostaphylos uva-ursi.*

Abb. 157 Üppige Bergwiese mit Parlatore's Hafer *Helictotrichon parlatorei*

Polsterseggenrasen

Firmetum

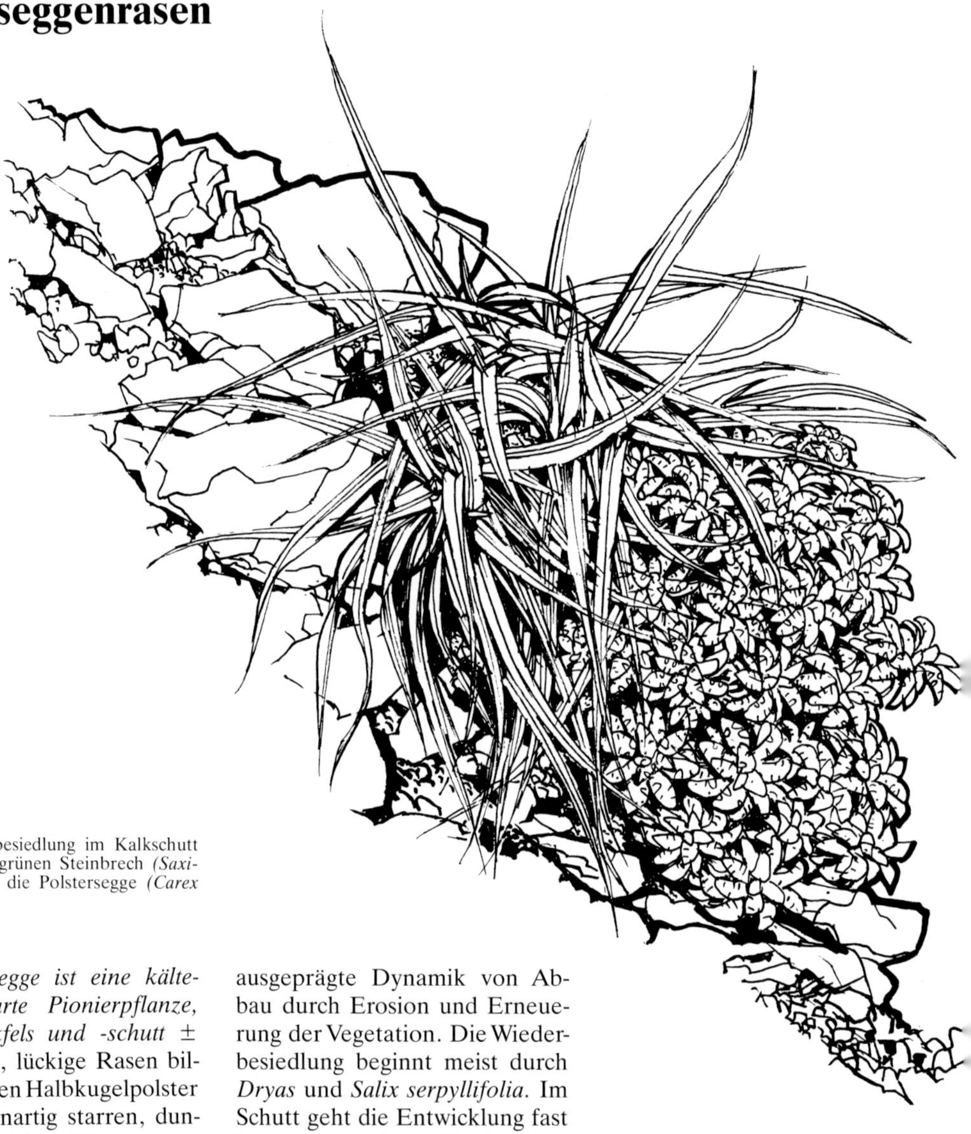

Abb. 158 Erstbesiedlung im Kalkschutt durch den Blaugrünen Steinbrech *(Saxifraga caesia)* u. die Polstersegge *(Carex firma)*.

Die Polstersegge ist eine kälte- und windharte Pionierpflanze, die im Kalkfels und -schutt ± kleinflächige, lückige Rasen bildet. Die harten Halbkugelpolster mit den sternartig starren, dunkelgrünen, ledrigen Blättern wurzeln nur oberflächlich. Sie sitzen ± dem Fels auf und werden daher durch Steinschlag und Lawinen immer wieder in die Tiefe gerissen. Auch für den Bergsteiger stellen die *Firmeten* sehr trügerische Trittstufen dar, die man nur mit großer Vorsicht besteigen sollte. Vor allem in den Hochlagen (über 2600 m) herrscht eine ausgeprägte Dynamik von Abbau durch Erosion und Erneuerung der Vegetation. Die Wiederbesiedlung beginnt meist durch *Dryas* und *Salix serpyllifolia*. Im Schutt geht die Entwicklung fast immer von echten Pionierpflanzen wie Silberwurz (*Dryas octopetala*) oder den Spalierweiden aus, zwischen deren Kriechästen die jungen *Carex firma*-Pflänzchen ruhige Wuchsplätze finden (Abb. 173). Nur an den extremsten Standorten mit ständigem Nachrutschen von Kalkschutt oder in den nordexponierten Kalkschiefer-Steilwänden der

Schema der beginnenden Rasenpolsterbildung *(Carex firma)*.

Abb. 159 Typischer Treppenrasen von *Carex firma* auf einem felsigen Steilhang.

Abb. 160 Prachtprimel *Primula spectabilis*

Abb. 161 Zwergschwingel *Festuca pumila*

Abb. 162 Zwergstendel *Chamorchis alpina*

Abb. 163 Kopfiges Läusekraut *Pedicularis rostrato-capitata*

Abb. 164 Alpennelke *Dianthus alpinus*

Abb. 165 Immergrünes Hungerblümchen *Draba aizoides*

Abb. 166 **Beginn einer Besiedlung im Kalkschutt.**

In der Feinerdeansammlung oberhalb eines hochstehenden Steins kann *Saxifraga caesia* keimen.

Ihre Wurzelbildung festigt den Kleinraum und erhöht die Stauwirkung.

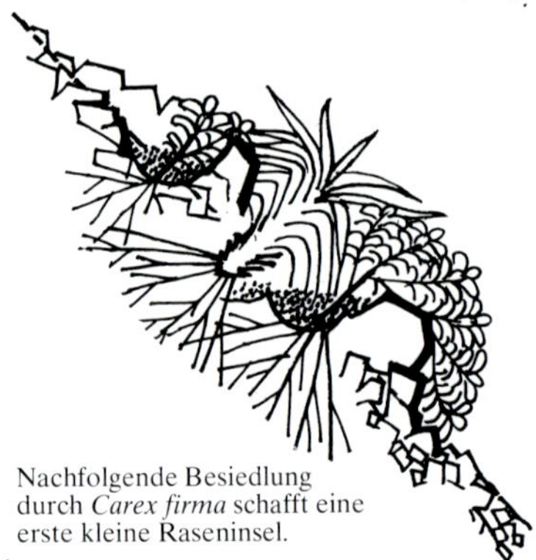

Nachfolgende Besiedlung durch *Carex firma* schafft eine erste kleine Raseninsel.

Im Stau sammelt sich Feinerde. Hier können sich weitere Pflanzen ansiedeln.

Abb. 167 **Beginn eines Rasenpolsters durch erste Verzweigung** (Schnittbild von Abb. 158). Zwischen den steifen Blättern der Polstersegge wird Feinschutt festgehalten.

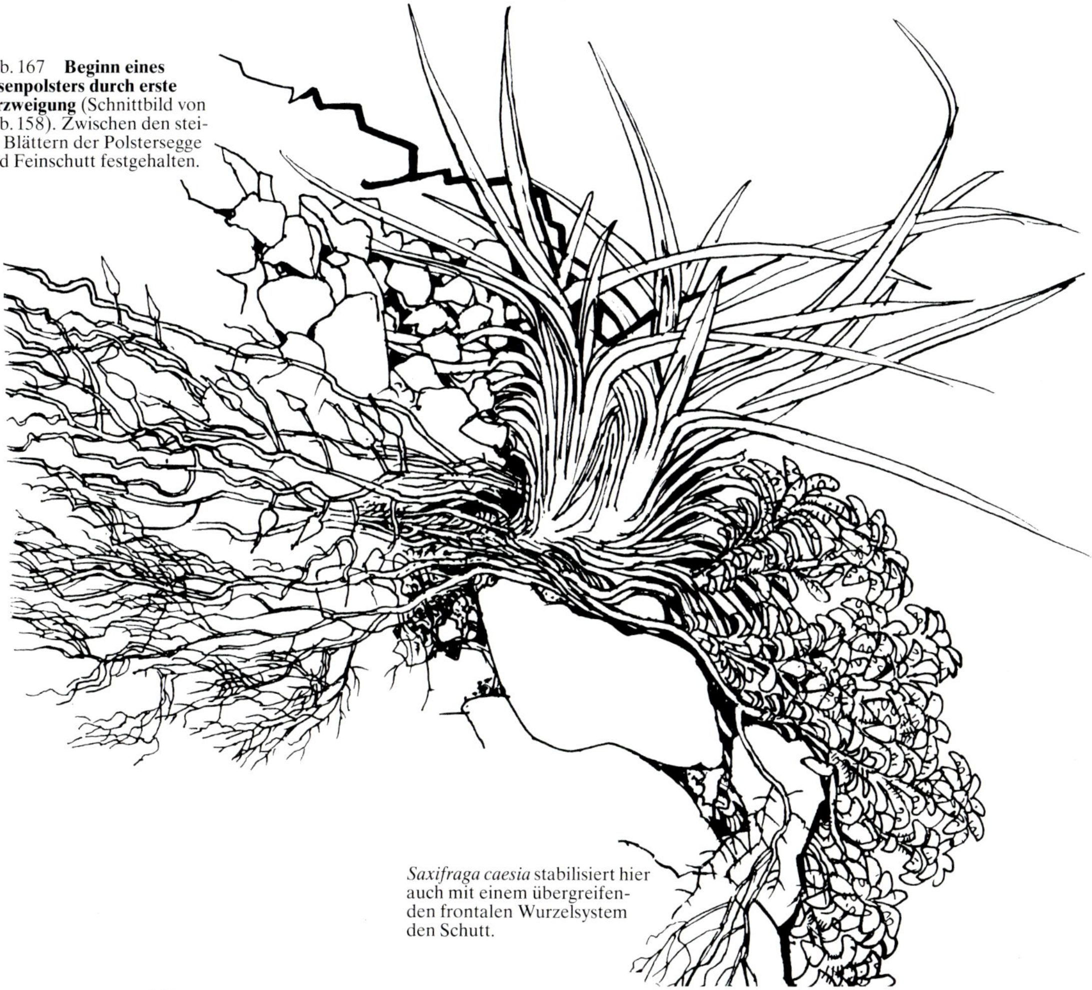

Saxifraga caesia stabilisiert hier auch mit einem übergreifenden frontalen Wurzelsystem den Schutt.

Abb. 168 Schema der charakteristischen Verteilung von *Saxifraga caesia* und *Carex firma* in einer noch nicht gefestigten Feinschutthalde.

Hohen Tauern (Bratschen) kann sich ein *„Dryadetum"* als Dauergesellschaft halten. Normalerweise bilden sich in der Folge Spalier- und Zwergstrauchteppiche (mit *Salix retusa, S. serpyllifolia, S. reticulata, S. alpina* (O-Alpen), *S. breviserrata* (W-Alpen), *Arctous alpina, Erica herbacea, Rhodothamnus chamaecistus* und *Rhododendron hirsutum*), deren Lücken von *Carex firma* besiedelt werden können. Dieses **„Dryadeto-Firmetum"** ist meist ebenfalls nur eine Übergangsgesellschaft zum Rasen, der von *Carex firma* dominiert wird: *Caricetum firmae typicum*.

Die Ausläufer bildende Felssegge (*Carex rupestris*), deren Blütenähren denen von *Elyna* sehr ähnlich sehen (Abb. 197), die zierliche *Agrostis alpina* oder die humusbildende *Festuca pumila* (Abb. 161) sind wichtige Teilnehmer dieser Sukzession. In nicht zu extremen Lagen kann die Entwicklung weitergehen bis zum *Seslerio-Semperviretum*. Im Unterschied zum Hohen Norden, wo entsprechende Konkurrenten fehlen, vermag **C. rupestris** in den Alpen sich nur sehr selten gegen die Polstersegge durchzusetzen und besonders an windigen Kanten oder auf flachen Dolo-

Abb. 169 „Karst-Firmetum" im Karwendel

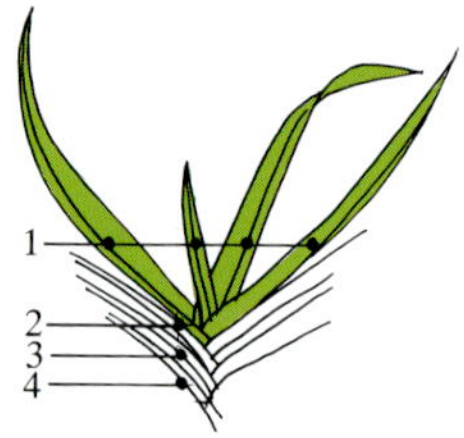

Abb. 171 Triebspitze der Polstersegge. Grüne Blätter (1) zeigen den diesjährigen Zuwachs, darunter die Vorjahre (2, 3, 4).

Aktiver Wurzelbereich.

Die Altersbestimmung nach den sichtbaren Blattansätzen ergibt ca. 40 Jahre.

Verkümmerter späterer Wurzelansatz, der sich durch Veränderung der Standortbedingung nicht entwickelt hat.

Abb. 170 Alte Einzelpflanze der Polstersegge von einem Extremstandort.

mit-Absätzen reine Bestände von wenigen m^2 zu bilden.

Nur selten steigt das *Firmetum* an kalten Nordflanken unter 2000 m herab (Julische Alpen bis 1500 m). Sein Reich beginnt in der alpinen Stufe und reicht bis gegen 3000 m. Wind und Trockenheit, Schnee und Sickerwasser werden gleichermaßen ertragen; wichtig ist für *Carex firma* v. a. der unmittelbare Kontakt der Wurzeln zum Kalksubstrat. Der Boden ist nie sehr mächtig und liegt als schwarze „Pechrendzina" unmittelbar dem Felsuntergrund auf.

Dabei sind der Gehalt an $CaCo_3$ (30–90%) und der pH-Wert (6,5–7,2) hoch, der Humusgehalt aber ziemlich niedrig (22%). Der Boden ist gut gepuffert und versauert daher nur wenig und erst dann, wenn humusbildende Horstgräser wie *Festuca pumila, Elyna* und *Agrostis alpina* einwandern. Dann werden die Bodenbedingungen für *C. firma* immer ungünstiger; die Rasenentwicklung kann über ein *Sesleria*-reiches Stadium zum *Seslerio-Semperviretum* oder über ein *Elyna*-reiches Stadium zum *Elynetum* führen. In den niederschlagsreichen Nordalpen (Karwendel) werden weite Flächen der felsigen Hochkare von „Karst-*Firmeten*" (Abb. 169) eingenommen, einem Komplex aus rillenartig angelöstem Fels und kleinen Rasenflecken in den tieferen Löchern. Auf großflächig schiefstehenden Dolomitschichten können sich aber auch sehr ausgedehnte geschlossene aber flachgründige *C. firma*-Rasen ausbreiten (Dürrenstein, Sextner Dolomiten). Dies ist wohl eher der Sonderfall eines Felsstandortes mit geschlossener Vegetation.

Abb. 172 Silberwurz *Dryas octopetala*

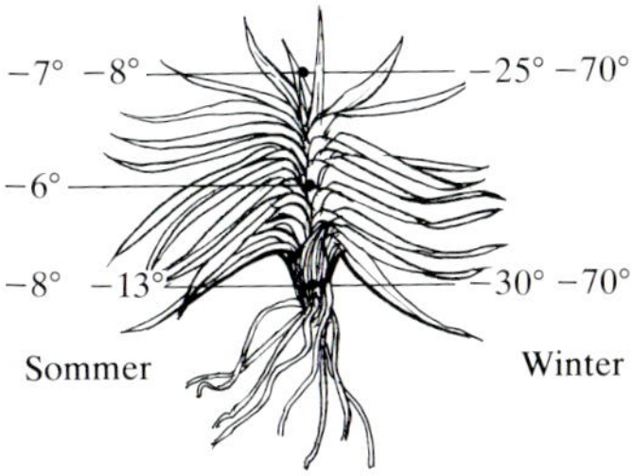

Abb. 174 Kälteresistenz von *Carex firma* (nach LARCHER 1980)

In den Buchten der krummen *Dryas*-Stämmchen bilden sich kleinste Feinerdenischen, die die Ansiedlung von *Carex firma* ermöglichen.

Abb. 173 **Silberwurz und Polstersegge** *Dryadeto-Firmetum*

Kräftige Kriechstämmchen und starkes Wurzelholz binden die Oberschicht einer Schutthalde.

Zunehmende gemeinsame Bedeckung fördert Humusbildung und Besiedlung.

Abb. 175 Silberwurz-Polsterseggen-Treppen *(Dryadeto-Firmetum)* bewachsen eine Schutthalde.

Abb. 176 Schnitt durch einen Polsterseggen-Treppenrasen

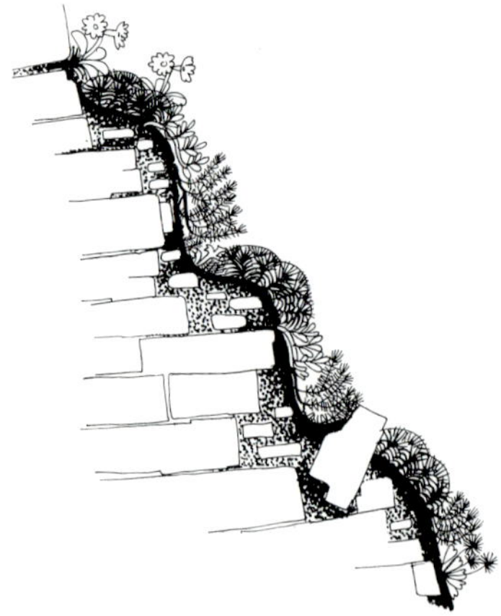

In den **Kalk-Silikatgebieten** spielt das *Firmetum* eine ganz untergeordnete Rolle. Die Dynamik von Ca-Auswaschung und Versauerung bzw. Flugstaubdüngung begünstigt andere Pflanzen, v. . *Sesleria varia* und *Elyna myosuroides*, gegen die *Carex firma* nicht konkurrenzfähig ist. Wo *C. firma* im *Sesleria*-reichen *Elynetum* noch stärker vorhanden ist, fehlen die Charakterarten des typischen *Firmetums*.

Charakteristische Artenkombination:

Saxifraga caesia
S. moschata
Chamorchis alpina
Gentiana clusii
G. verna
Sesleria varia
Bartsia alpina
Anthyllis alpestris
Astragalus australis
Dryas octopetala
Pinguicula alpina
Primula auricula
Silene acaulis
Ranunculus alpestris
Festuca pumila
Helianthemum alpestre
Erica herbacea

Abb. 177 Die gelbe Strauchflechte *Cetraria tilesii* ein typisches Mitglied der Polsterseggenrasen.

Abb. 178 Blühender Horst von *Carex firma*

Tofielda calyculata
Crepis kerneri
Salix retusa
S. serpyllifolia
S. reticulata
Minuartia verna
Androsace chamaejasme
Cetraria tilesii
C. nivalis
C. islandica

In den Südalpen, wo wahrscheinlich auch das Entwicklungszentrum von *Carex firma* und des *Firmetums* zu suchen ist, läßt sich die Artenliste um zahlreiche endemische Lokalcharakterarten erweitern: *Gentiana terglouensis, G. froelichii, Phyteuma sieberi, Saxifraga squarrosa, Potentilla nitida, Saussurea pygmaea, Pedicularis rosea, Primula spectabilis, P. tyrolensis, P. wulfeniana, Achillea clavenae, Silene elisabetha, Sesleria sphaerocephala.*

Abb. 179 **Schnitt durch ein *Carex firma*-Polster.**

Nacktriedrasen
Elynetum

In den aus kompakten Kalken gebildeten Bergen der Nord- und Südalpen sind die tiefgründigen Böden der warmen Hänge von blumigen Blaugras-Horstseggenrasen, die Felsabsätze der Steilflanken und Gipfelhänge von Polsterseggen-Treppen bewachsen. Im reinen kalkfreien Gneisgebiet der zentralen Ketten breiten sich über weite Strecken hin die okkerfarbenen eintönigen Matten der Krummsegge, von grünen Mulden der Schneeböden durchsetzt. Am abwechslungsreichsten, aber auch am schwierigsten zu verstehen ist die Zusammensetzung und Verteilung der Rasenvegetation in den Kalk-Silikat-Mischgebieten, etwa den Glimmerschiefern des Großglockners, der Brennerberge oder – flächenmäßig am größten – der französischen Westalpen. Hier wechseln Gestein und Vegetation oft auf kurzen Strecken. Auf eine untere Rasenstufe mit tiefgründigen Böden, die in den Ostalpen vom *Seslerio-Semperviretum,* in den Westalpen vom *Seslerio-Avenetum montanae* und verwandten Rasentypen eingenommen wird, folgt nach oben hin ein auffallender Rasentyp, der auch optisch von weitem durch seine rostrote Farbe auffällt: es sind die Grasheiden des Nacktrieds (*Elyna myosuroides*), nach GAMS (1935) „die bezeichnendste Pflanzengesellschaft der Pasterzenumrahmung". Anders als die rein europäischen Rasenbildner *Carex curvula, Carex firma* oder *Sesleria varia* stammt

Abb. 180 **Nacktriedrasen *Elynetum*** in der Gletscherregion (Großglockner)

Zwerg-Mutterwurz *(Ligusticum mutellinoides)* mit ausgeprägter Hochblatthülle.

Abb.181 **Schnitt durch einen Nacktriedrasen *Elynetum*.**

Flechten (hier Islandmoos *Cetraria cucullata* und Rentierflechte *Cladonia rangiformis)* leiten auch im Nacktried die Nachbesiedlung ein.

Mit seiner Rhizomform kann sich das Edelweiß, eine typische Nacktriedrasen-Pflanze zwischen den Horsten gut entwickeln.

Das Blaugras *(Sesleria caerulea)* dringt mit seinen Ausläufern selbst in so dichte Horste ein.

Abb. 182 Die dürren Blätter von *Elyna* werden schnell zersetzt und in Humus umgewandelt. Die lockere Auflage ist licht-, luft- und wasserdurchlässig und begünstigt die Nachbesiedlung.

Die steifen, hohen Strohhüllen an der Basis bilden eine Art Gefäß, in dessen Innerem sich Humus ansammelt.
Es entsteht ein deutliches Gefälle nach außen.

Ausläufer-treibende Arten können so in den Horst eindringen, aber auch besser nach außen durchwachsen.

Elyna aus den Bergsteppen Innerasiens (Altai) und hat sich mit einer Reihe von Begleitern wohl im Lauf der Eiszeiten rund um die Arktis, aber auch in die europäischen Gebirge ausbreiten können. Von allen Rasenbildnern der Alpen hat das Nacktried die größte Spannweite in bezug auf die Bodenazidität (pH 3,5–8, s. S. 105), von allen ist sie auch die am wenigsten empfindliche gegen Winterkälte, fast ohne Schneeschutz ganzjährig dem trocknenden Wind ausgesetzt. Die Triebbündel aus steif aufrechten glänzenden borstenförmigen Blättern sind am Grund von einer mächtigen Strohtunika aus unzersetzten Resten umhüllt, sie wachsen dicht aneinandergedrängt und sammeln im Inneren Humus. Ähnlich wie bei *Carex curvula* bilden sich die kompakten Horste durch sehr eng nebeneinander entstehende seitliche Tochtertriebe. In der schmal zylindrischen Blütenähre sitzen am Grund eines Tragblattes jeweils zwei Blüten (eine männliche und eine weibliche), die von einem offenen (nicht wie bei allen *Carex*-Arten schlauchartig geschlossenen) Deckblatt umhüllt sind.

Elyna ist nicht nur eine stark humuserzeugende und sammelnde (Abb. 182), sondern auch eine Humus verlangende Pflanze. Sie siedelt sich im Gegensatz zu allen anderen alpinen Rasenpflanzen nie als erste auf Schutt oder Fels an, sondern verlangt eine wenigstens schwache Humusvorbereitung des Rohbodens durch Pionierpflanzen. Das Optimum für den Nacktriedrasen ist also ohne Zweifel ein mineralreicher, mäßig saurer bis neutraler Boden (pH 6,2–7) mit einem gewissen Kalkgehalt, wie er in idealer Weise in den Kalkschiefergebieten entstehen kann. Hier bildet das *Elynetum* zwischen 2200 und 2800 m (1800–800 m) meist eine Schlußgesellschaft, da durch Flugstaubeinwehung eine ständige Kalkdüngung erfolgt und die Bodenversauerung nicht über ein gewisses Maß hinauskommt. Sowohl im stark sauren (aber nie im völlig Ca-freien) Bereich der Silikatberge wie im stark basischen der Kalk-Dolomit- und Marmorgebiete tritt das *Elynetum* stark zurück. Es kann dort der angestammten Rasenvegetation des *Curvuletums, Seslerio-Semperviretums* und *Firmetums* nur an den auch im Winter schneefreien, windgepeitschten Kanten und Buckeln der Jöcher und Gipfelgrate mit ihren extremen Temperaturen den Platz streitig machen, wo jene nicht mehr lebensfähig sind. In seiner „ökologischen Position" ist das *Elynetum* von der Ausgesetztheit gegen das Klima her mit dem *Loiseleurietum* der tieferen Stufen vergleichbar. In den Grenzbereichen herrscht ein fein ausgewogenes Gleichgewicht der Umweltbedingungen und der Konkurrenzkraft aller beteiligten Pflanzen. Geringe Verschiebungen von Feuchte, Kalk- und Humusgehalt des Bodens oder der Windstärke und v. a. der Aperzeit entscheiden darüber, welche Rasenart bzw. welche Mischungen zur Dominanz gelangen. Genauere Untersuchungen über Struktur, Bestandesklima und Stoffumsätze der *Elyna*-Rasen liegen bisher nicht vor, doch ist anzunehmmen, daß die borstig-steifen Blätter an der Bestandsoberfläche den Wind stark dämpfen, so daß im mittleren und unteren Drittel relativ günstige Lebensbedingungen herrschen. Bei Windstille ist sicher auch hier mit Maximaltem-

Abb. 183 Seidiger Spitzkiel
Oxytropis halleri

Abb. 184 Einköpfiges Berufkraut
Erigeron uniflorus

Abb. 185 Faltenlilie *Lloydia serotina*

Abb. 186 Alpen-Pechnelke
Lychnis alpina

Abb. 187 Schneeweißes Fingerkraut
Potentilla nivea

Abb. 188 Alpenscharte *Saussurea alpina*

Abb. 189 Echte Edelraute
Artemisia mutellina

Abb. 190 Zwergenzian *Gentiana nana*

Abb. 191 Gletschernelke
Dianthus glacialis

peraturen von 40–50° zu rechnen, die Wintertemperatur sinkt wohl sicher bis −30°. Am kritischsten ist auch hier der Spätwinter mit allnächtlichem Gefrieren und Wiederauftauen der Bodenoberfläche bei Strahlungswetter. Drei Entwicklungsserien und Schwerpunkte der Verbreitung der *Elyna*rasen lassen sich feststellen:
1. Auf kompaktem Kalk mit ±starker Schuttnachlieferung beginnt die Bodenentwicklung mit Pioniergesellschaften aus *Carex firma, Dryas, Carex rupestris, Salix serpyllifolia.* Nach Humusanreicherung kommt zuerst *Festuca pumila,* später *Elyna* auf. *Elyna* gewinnt durch Humusbildung mehr und mehr die Oberhand gegenüber *C. rupestris* und *C. firma,* die den direkten Kontakt zum Kalkgestein brauchen. Schlußgesellschaft ist schließlich das *Elynetum seslerietosum* mit:
Sesleria varia, S. ovata
Carex rosae
Anthyllis alpestris
Gypsophila repens
Erysimum pumilum
Saxifraga oppositifolia
S. paniculata
Draba aizoides, D. hoppeana
D. carinthiaca
Sedum atratum
Astragalus australis
Achillea clavenae
Leontodon montanus
Leontopodium alpinum
In den Dolomiten kommt eine Variante mit höherem Anteil an (teils endemischen) Felsspaltenpflanzen vor: *Potentilla nitida, Paederota bonarota, Phyteuma sieberi, Valeriana saxatilis, Sesleria spaerocephala, Festuca alpina* (OBERHAMMER 1979).
Über schwer löslichem Marmor wächst in der Texelgruppe (RAFFL 1982) auf feuchten Böden ein *Firmetum elynetosum* mit *Kobresia.*

Abb. 192 Nacktried *Elyna myosuroides*

Nur sehr selten kann in Plateaulagen bei Kalkauswaschung und starker Bodenversauerung die Entwicklung weitergehen zum *Elynetum typicum,* ja sogar bis zu einem (stark verarmten) *Curvuletum elynetosum* (DALLA TORRE 1982).
2. Auf Kalk-Silikat-Gesteinen geht die Entwicklung von Schieferschutt-Gesellschaften (*Dryadeto-Firmetum, Seslerietum variae, Salicetum serpyllifoliae* u. a.) ebenso zum *Elynetum seslerietosum* (meist mit *Carex curvula ssp. rosae*), wenn durch Flugstaub die Versauerung kompensiert wird. Wenn die Humusanreicherung jedoch die oberflächliche Kalknachlieferung übersteigt, der feinerde- und skelettreiche Boden also weiter versauert, entsteht ein *Elynetum typicum.*

Charakteristische Artenkombination:

Holarktische Arten: *Elyna myosuroides, Lloydia serotina, Carex rupestris, Minuartia verna, Silene acaulis, Erigeron uniflorus, Potentilla crantzii*
Oxytropis campestris, O. halleri
Festuca pumila, F. alpina
Gentiana orbicularis
Arenaria ciliata
Androsace chamaejasme
Saussurea alpina
Ligusticum mutellinoides
Carex parviflora, C. capillaris
C. fuliginosa
Astragalus lappon., A. gaudini
Campanula scheuchzeri
Juncus jacquini
Sesleria varia
Agrostis alpina
Hedysarum hedysaroides
Artemisia genipi

3 4

Abb. 193 Vergleich der Fruchtstände
1 *Carex curvula* ssp. *curvula*
2 *Carex curvula* ssp. *rosae*
3 *Carex rupestris* 4 *Elyna myosuroides*

Abb. 195 Nacktried *Elyna myosuroides*
Die Einzeltriebe stehen am Grund extrem dicht beisammen und bilden so die sehr kompakten Horste

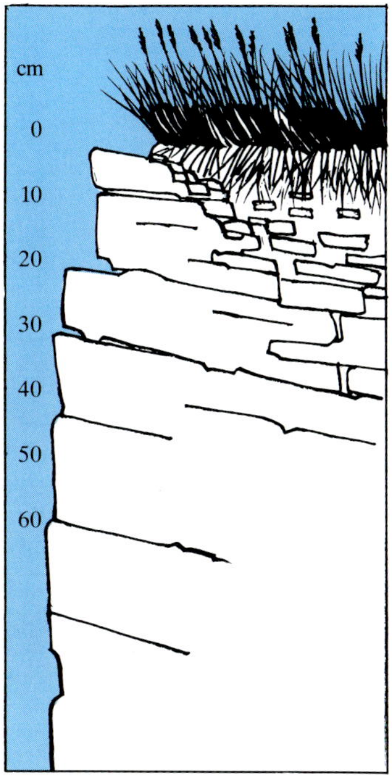

Abb. 194 Schematischer Schnitt durch einen *Elyna*-Rasen in extremer Windkantensituation auf Kalkschiefer.

Cerastium alpinum
Antennaria carpatica
Draba siliquosa
Braya alpina
Gentiana prostrata, G. verna
G. nivalis
Helianthemum alpestre
Aster alpinus
Primula minima
Chamorchis alpina
Dianthus glacialis
Saxifraga paniculata

Elynetum cetrarietosum:
An besonders stark windexponierten Graten kann der Sturm *Elyna*-Rasen anreißen und den Boden im Extremfall bis zum Fels abtragen. Dann beginnt die Entwicklung wieder von vorne. Solche Standorte sind – besonders in den höchsten Lagen – oft durch windharte Polstermoose wie *Oreas martiana* (Abb. 273), *Plagiopus oederi* var. *compacta*, *Aulacomnium palustre* var. *imbricatum* und Strauchflechten wie die gelbe *Cetraria tilesii* (= *C. juniperina*), *C. cucullata*, *C. nivalis*, *C. crispa*, *Thamnolia vermicularis* gekennzeichnet. In der subnivalen Stufe scheint die Bedeutung des Gesteinsuntergrundes für die Vegetation zu schwinden, weil nur mehr wenige Pflanzen um den Standort konkurrieren (ELLENBERG 1968).
BRAUN-BLANQUET (1913) und PITSCHMANN & REISIGL (1958) beschreiben solche *Elyneten*, in denen *Salix serpyllifolia*, *Hedysarum* und *Potentilla nivea* mit *Potentilla frigida* und *Phyteuma globulariaefolium* zusammentreten.

Elynetum avenuletosum versicoloris:
Bei noch stärkerer Versauerung, manchmal auch Vernässung und Podsolierung des Bodens werden ph-Werte von ca. 5 (3,8–5,9) erreicht, eine größere Gruppe echter Sauerbodenzeiger wie *Avenula versicolor, Oreochloa disticha, Luzula spicata, Saxifraga bryoides, S. exarata, Androsace obtusifolia, Veronica bellidioides, Phyteuma hemisphaericum* u. a., vereinzelt sogar *Carex curvula* vereinigen sich mit der Gruppe der Kalkzeiger zu einer eigenartigen Mischung.
In den NW-Alpen nimmt die Bedeutung von *Carex curvula* ssp. *rosae* zu. Nach GENSAC & TROTEREAU (1983) kommen sowohl auf reinem Kalk wie auf Kalkschiefer trockene Varianten (*Seslerio-Elynetum* bzw. *Rosaeo-Ely-*

Abb. 196 Typischer *Carex rupestris*-Bestand auf einem windgefegten Dolomitfelsblock.

netum) und Schneebodenvarianten (*Elyno-Salicetum retusae-reticulatae*) vor. Das *Elynetum* vermag hier also sein Arenal zu erweitern, weil direkte Konkurrenten (*Carex firma, C. sempervirens, C. curvula ssp. curvula*) weitgehend fehlen. Auch in den SW-Alpen wachsen in der oberen alpinen Stufe hauptsächlich *Elyneten* mit *Carex rosae* (BONO & BARBERO, 1976).

3. In kalkfreien Silikatgebielten (Gneis) fehlen echte *Elyneten*. An der Obergrenze des *Curvuletums* kann aber bei geringem Kalkgehalt (Amphibolit) *Elyna* an stark windexponierten Graten zusammen mit Polsterpflanzen teilweise die Krummsegge ersetzen. Diese Gesellschaft ist als *Curvuletum elynetosum* beschrieben worden.

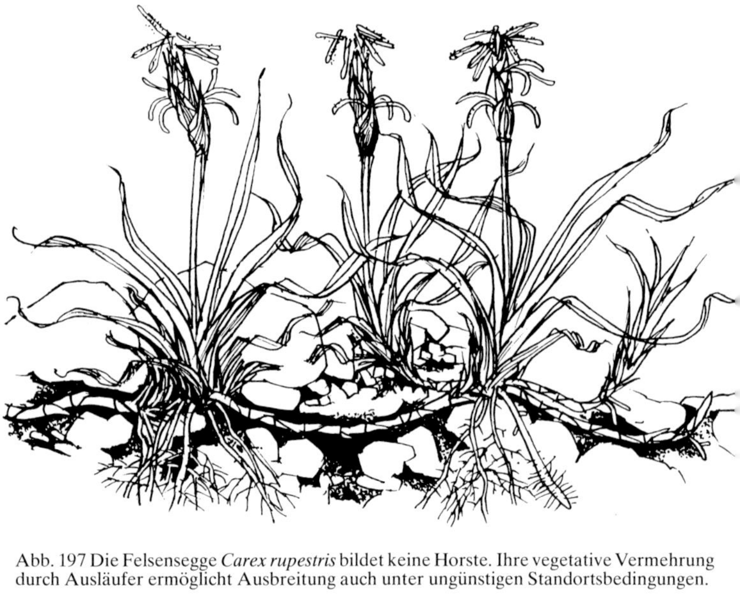

Abb. 197 Die Felsensegge *Carex rupestris* bildet keine Horste. Ihre vegetative Vermehrung durch Ausläufer ermöglicht Ausbreitung auch unter ungünstigen Standortsbedingungen.

Abb. 198 Blüten der schönen Binse *Juncus jacquinii*

Abb. 199 *Juncus jacquinii:* Auf starker Grundachse stehen kammförmig die kräftigen Neutriebe. Links zum Vergleich: Sehr engstehende dünne Triebe von *Juncus trifidus* (s. a. Abb. 77).

Bestandesstruktur, Bioklima und Boden

Abb. 200
7 Rasengesellschaften der alpinen Stufe

	Borstgrasrasen *Nardetum*	Gemsheide *Loiseleurietum*	Krummseggenrasen *Curvuletum*
Schwerpunkt der Höhenverbreitung	900–2500 m	(1500–2600) 2100–2300	(1750–3300) 2300–2700
Mittlere Artenzahl (Verb. Ch. A.)	30–50 (20)	~ 25 (15)	~ 30 (15)
Standortscharakter	mäßig feucht bis mäßig trocken	sehr windexponiert, aber günstiges Bioklima	± trocken, mäßig warm, mäßig bewindet
Schneedecke (Winter)	volle Schneebedeckung	kaum Schneeschutz	volle Schneebedeckung
Schneefreie Zeit (Monate)	6–8	5–10	4–7
Produktionszeit (Monate)	6	4–5	5
Phytomasse oberird. (Trockengewicht g/m^2) **unterird.**	1130 1050	1626–2982 835–885	775 1275
Bodentiefe	± tiefgründig bis 50 cm	± flachgründig 5–10 cm (bis 50 cm)	mittlere Tiefe ca. 30 cm
pH-Spanne des Oberbodens	4,3–5,5	(3,8–5,7) 4,4	(3,2–6,5) 4,5–5,5
Humusgehalt der oberen Bodenschichten (Gew.%)	10–15	15–60 Alectoria Typ 35–75 Cladonia Typ	5–15
Häufiger Bodentyp	Humus-Podsol	Humus-Podsol	Alpine Rasenbraunerde

Silikatschneeboden *Salicetum herbaceae*	Nacktriedrasen *Elynetum*	Blaugrashalde *Seslerio-Sempervir.*	Polsterseggenrasen *Firmetum*
2200–2800	2200–2800	2000–2900	2000–3000
~ 15	40 (20)	50 (25)	25 (20)
± dauerfeucht, kühl	sehr windexponiert trocken	warme Steilhänge	exponiert, felsig
tief eingeschneit	kaum Schneeschutz	früh aper	teilweise früh aper
1–4	bis 12	6–7	4–7
2–4	5	5	5
200		1200 1600	1260 750
flach bis sek. tief (kolluvial)	tiefgründig	tiefgründig	flachgründig
4,5–6,5	(3,5–8) 6–7	(5,6–7,4) 6,2–7,1	(5,6–7,8) 6,2–7,2
10–15	~ 10	~10	30 (10–40)
Alpiner Pseudogley	Alpine Rasenbraunerde Pararendzina-Braunerde	Mull-Rendzina	Pech-Rendzina

Kalkschutt-vegetation

Thlaspion rotundifolii

Abb. 201 Wenig bewegliche Kalkfeinschutthalde mit vereinzelten Blütenpflanzen.

Schutthalden – besonders auf Kalk und Dolomit – sind Extremstandorte für die Pflanzen. Dies gilt im besonderen für die typischen Grobschutthalden, wie sie im Kalkgebirge am Fuß von Felswänden weit verbreitet sind und vielfach geradezu einen „Schuttmantel" bilden, der den Sockel der Gipfel einhüllt. Im Silikatgebirge sind eher Blockhalden oder Feinschuttrinnen zu finden, die aber im Landschaftsbild nicht so auffallend in Erscheinung treten. Die Beweglichkeit der einzelnen Gesteinstrümmer und das Rutschen der ganzen Halde sowie der Mangel an Feinerde bewirken, daß Samen nur wenige Keimplätze finden und die Wurzeln extrem mechanisch beansprucht werden. Immer wieder beschädigt herabkollerndes Gestein die Pflanzen oder verschüttet sie („tätige Halden"). Dagegen sind die meisten Schuttspezialisten gut gerüstet durch hohe Regenerationsfähigkeit (Bildung von Ersatzwurzeln und -trieben). Das Wasser versickert im groben Schutt oberflächlich sehr schnell, wird aber in einer tieferen Schicht gespeichert, wo lokal Feinerdeansammlungen liegen. Diese werden durch die isolierende oberste „Steinluftschicht" weitgehend vor Wasserverlust geschützt. Damit überhaupt Pflanzen Fuß fassen können, ist also eine gewisse Beruhigung der beweglichen Schutthalde und die Ansammlung von Feinmaterial nötig. Die weitere Besiedlung und Entwicklung zum geschlosse-

Abb. 202 Berglöwenzahn *Leontodon montanus*

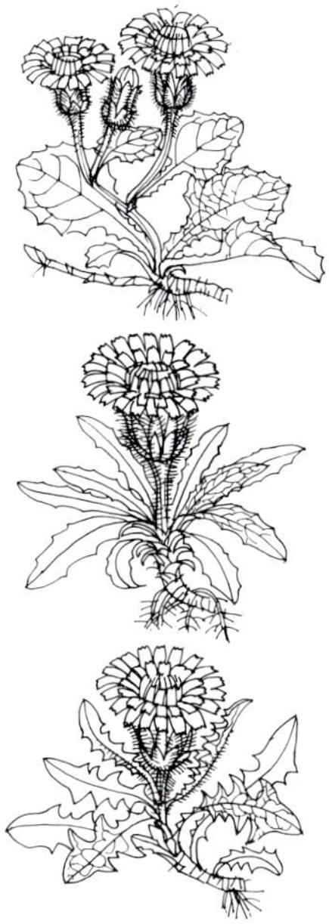

Abb. 203 Zwerg-Pippau *Crepis pygmaea*
Rhätischer Pippau *Crepis rhaetica*
Triglav-Pippau *Crepis terglouiensis*

nen Rasen kann aber nur dort stattfinden, wo nicht ständig größere Mengen Verwitterungsschutt von oben nachgeliefert werden.

Die an Hängen immer vorhandenen Setzungs- und Fließbewegungen werden von den Schuttpflanzen durch ein besonderes System der Bewurzelung aufgefangen: Eine tiefreichende Pfahlwurzel (oder Rhizom) verankert die Pflanze, ein oberflächliches Feinwurzelsystem dient v. a. der Nährstoff- und Wasseraufnahme. Für viele Schuttpflanzen sind lange Kriechtriebe (Ausläufer) bezeichnend. Dabei ist zu unterscheiden zwischen „Wandertrieben", die mit der Mutterpflanze in Verbindung bleiben und „Vermehrungstrieben", die sich von der Mutterpflanze lösen und selbständige Individuen bilden. Die Dichte der Vegetation in der Schutthalde hängt aber auch ganz wesentlich von der Menge der Feinerde ab. Diese besteht aus zermahlenem Kalkgestein (bis 98%); organische Substanzen sowie N, K, P sind nur in sehr geringen, doch ausreichenden Mengen vorhanden. Eine bisher zuwenig beachtete Nährstoffzufuhr („Düngung“) erfolgt aber durch Flugstaub. Sehr häufig be-

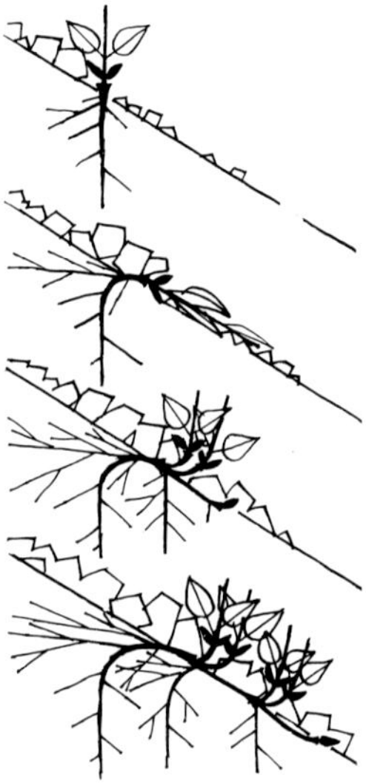

Abb. 204 Triebverbiegung einer Pflanze durch die Schuttbewegung.

steht ein labiles Gleichgewicht zwischen Erosion und Vegetationsentwicklung: Pflanzendekken können wieder verschüttet werden oder – in sehr niederschlagsreichen Sommern – flächig abrutschen.

Auch an solchen Hängen, deren Schuttbedeckung schon von lükkigen *Dryadeto-Firmeten* gefestigt ist, kommt es durch die Frostwirkungen zum langsamen Bodenfließen und zur Bildung von „Strukturrasen“ (Abb. 220).

Die offenen Pflanzengemeinschaften der Schutthalden bilden also nicht Klimaxvereine, sondern sind momentane Zustände, die sich in beide Richtungen ändern können, Vorstoß oder Rückzug. Weit bessere Lebensbedin-

Abb. 205 **Schuttwanderer und -Stauer: Berg-Baldrian** *Valeriana montana*

gungen herrschen auf solchen Schuttflächen, die eben oder nur wenig geneigt sind und durch oberflächliche Verwitterung von Fels – ohne starke Nachlieferung von oben – entstehen („Abwitterungshalden“): Karböden, eiszeitliche und rezente Moränen, und Gletschervorfelder.
Die bewegliche Kalkgrobschutthalde ist äußerst lebensfeindlich; nur ganz wenige Pflanzen vermögen sich hier anzusiedeln. Am besten angepaßt ist das Täschelkraut (*Thlaspi rotundifolium*), dessen Samen auch bei sehr wenig Feinerde in der Tiefe keimen und sehr schnell einen Trieb durch die Steinschicht nach oben strecken. ZÖTTL (1951) fand zehn Tage alte Keimlinge von 20 cm Länge. Eine sehr reißfeste Pfahlwurzel verankert schließlich den verzweigten „Triebschopf“ in der Tiefe. Sobald weitere Pionierpflanzen die Halde festigen können und Humus anreichern, verschwindet das Täschelkraut. Auch die Alpenmohne (*Papaver alpinum* agg.) können im beweglichen Grobschutt wurzeln. Sie gehören zu den wenigen „echt hochalpinen“ Kalkschuttpflanzen, die nicht in tiefere Lagen hinuntersteigen. Sehr viele alpine Schuttpflanzen (bzw. ihre Samen) werden ja durch die Bäche bis in die Talregion herabgeschwemmt, wo sie auf den Kies- und Sandbänken der Flüsse konkurrenzfreie Standorte vorfinden. ZÖTTL (1951) hat Aussaatversuche mit Schutt- und Rasenpflanzen durchgeführt. Durch die jeweils verschiedenen Standortsbedingungen wird das Aufkommen der Keimlinge in der „fremden“ Gesellschaft unterdrückt. Eine genaue Beschreibung der Wuchsformen der häufigsten Schuttpflanzen gibt HESS (1909).

Abb. 206 **Schuttpflanzen-Typen**

Eine bekannte Einteilung der Schuttpflanzen nach Wuchsformen gibt SCHROETER (1926):

1 **Schuttwanderer**
durchspinnen mit langen Kriechtrieben, die sich wieder bewurzeln können, den Schutt
Thlaspi rotundifolium, Campanula cochlearifolia, C. cenisia, Achillea, Rumex scutatus, Geum reptans, Viola calcarata, Valeriana montana, V. supina.

2 **Schuttüberkriecher**
legen sich mit schlaffen beblätterten Trieben über den Schutt:
Arabis alpina, Linaria alpina, Silene glareosa, Arenaria biflora.

3 **Schuttstrecker**
arbeiten sich durch Verlängerung und Erstarkung aufrechter Triebe durch die Schuttdecke:
Oxyria digyna, Doroncium, Cystopteris fragilis, Cryptogramma crispa, Hieracium intybaceum.

4 **Schuttdecker**
bilden wurzelnde Decken auf dem Schutt:
Dryas octopetala, Gypsophila repens, Saxifraga oppositifolia, S. rudolphiana (wurzelnde Kriechsprosse bilden Tochterpolster).

5 **Schuttstauer**
bilden mit kräftigen Triebbündeln oder Polstern (mit Pfahlwurzeln) und einem dichten Feinwurzelwerk Hindernisse für den fließenden Schutt und werden so zu ersten ruhenden Inseln:
Ranunculus glacialis, Leontodon montanus, Hutchinsia alpina, Ranunculus parnassifolius, Androsace alpina, Saxifraga moschata, besonders aber Gräser und Seggen (als Pioniere des *Carex firma*-Rasens):
Carex sempervirens, C. firma, Sesleria, Poa laxa, Trisetum distichophyllum, Festuca pumila, Helictotrichon parlatorei, Agrostis alpina.

Abb. 207 **Schildampfer *Rumex scutatus***

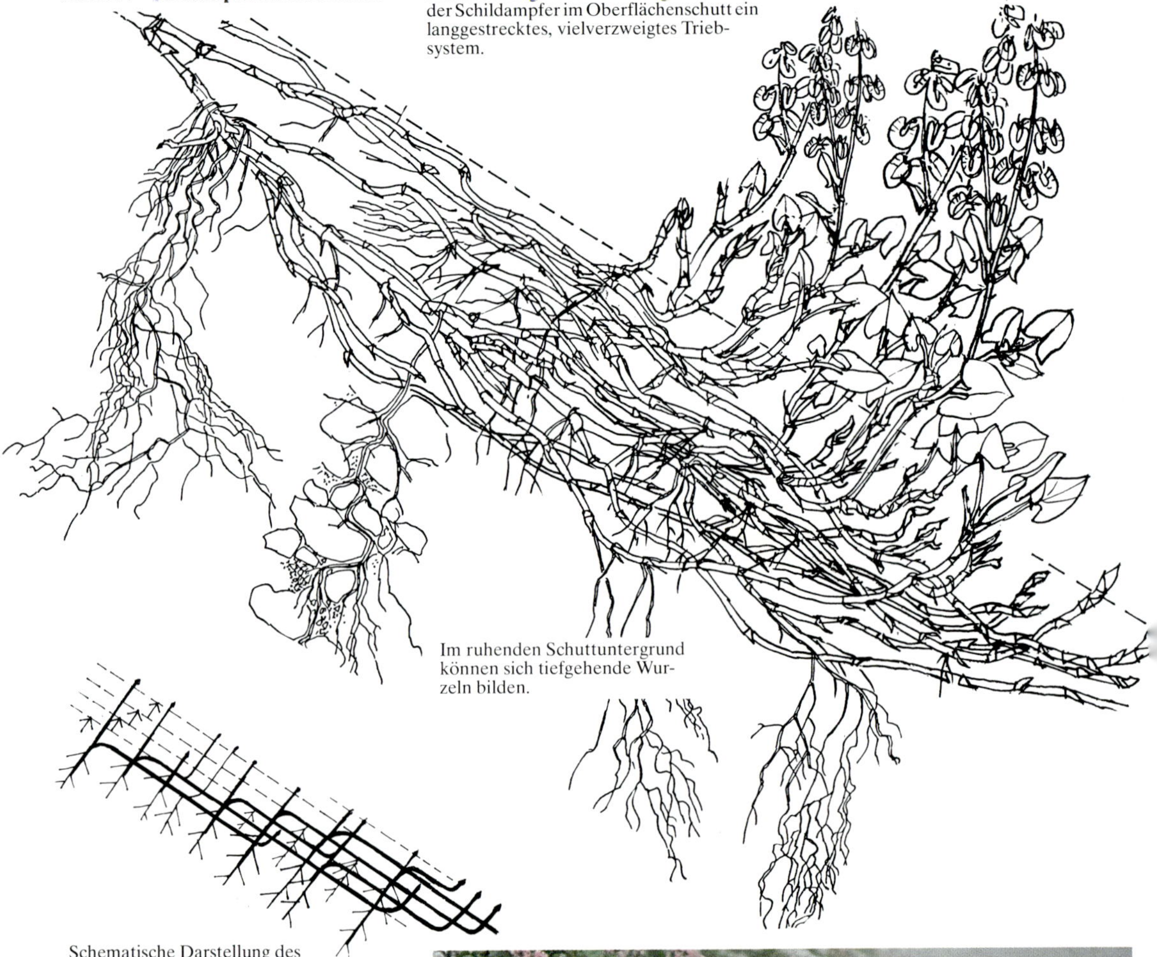

Durch ständige Überschüttung bildet der Schildampfer im Oberflächenschutt ein langgestrecktes, vielverzweigtes Triebsystem.

Im ruhenden Schuttuntergrund können sich tiefgehende Wurzeln bilden.

Schematische Darstellung des Stockwerkbaues eines Triebsystems, das nach Überschüttung immer wieder an die Oberfläche wächst.
Diese Wuchsform trägt zur Humusanreicherung im Rohschutt bei und verbessert die Möglichkeit zur Nachbesiedlung.

Abb. 208 Kahler Alpendost *Adenostyles glabra*

Abb. 209 Gelber Alpenmohn *Papaver rhaeticum*

Abb. 210 Zierliche Glockenblume
Campanula cochlearifolia

Abb. 211 Zwergbaldrian in Frucht
Valeriana supina

Abb. 212 Blattloser Steinbrech
Saxifraga aphylla

Abb. 213 Schlernhexe *Armeria alpina*

Abb. 214 Mte.Baldo-Schmuckblume
Callianthemum kerneranum

Abb. 215 Silberstorchschnabel
Geranium argenteum

Pflanzengesellschaften

Eine ganze Reihe von Pflanzen der charakteristischen Artenkombination besitzt eine große Höhenamplitude und kommt sowohl in der subalpinen wie in der alpinen Variante vor.

Schneepestwurzflur *Petasitetum paradoxi*. Diese subalpine Ausbildung der Kalkschuttflur (1500–2500 m) wächst an feinerdereicheren und feuchteren Standorten als die alpine. Die Vegetation ist etwas dichter (über 20% Bodendeckung), die Gesamtartenzahl liegt bei ca. 30, die mittlere bei etwa 13 Arten. Die Schneepestwurz (*Petasites paradoxus*) ist mit ihrem tiefreichenden und stark verzweigten Wurzelsystem einer der besten Schuttfestiger überhaupt.
Die Schneepestwurzflur ist in den Kalkgebirgen der gesamten Alpen weit verbreitet:

Adenostyles glabra
Rumex scutatus
Silene vulgaris ssp. glareosa
Valeriana montana
Doronicum grandiflorum
D. glaciale
Viola biflora
Campanula pulla
Senecio abrotanifolius
Leontodon hyoseroides

Eine grobblockige Ausbildung ist durch höheren Vegetationsschluß (über 40%) und das Auftreten von Farnen gekennzeichnet: *Moehringio-Gymnocarpietum* mit *Gymnocarpium robertianum*, *Cystopteris fragilis*, *Dryopteris villarii*. In den Südostalpen (Karawanken) kommt auf grobem Kalkschutt in ähnlicher Höhenlage das *Festucetum laxae* vor: *Geranium macrorhizum*, *Minuartia austriaca*, *Athamanta cretensis*, *Scrophularia hoppii*.

Abb. 216 Gletscher-Vorfeld mit *Saxifraga aizoides*

Abb. 217 Weißer Alpenmohn
Papaver sendtneri

Abb. 218 Rundblättr. Täschelkraut
Thlaspi rotundifolium

Abb. 219 Gelber Steinbrech
Saxifraga aizoides

Täschelkrautflur *Thlaspeetum rotundifolii:* die Kalkschutthalden der alpinen Stufe (1500–3000 m). Durch das stete Vorkommen verschiedener Rassen des Alpenmohns lassen sich geographische Varianten der Gesellschaft ausscheiden (von Ost nach West: in den Südalpen *Papaver julicum* – weiß, *P. kerneri* – gelb, *P. rhaeticum* – gelb, in den Nordalpen die weißen *P. burseri, P. sendtneri, P. occidentale.*

Die charakteristische Artenkombination besteht aus ca. 33, im Mittel jedoch nur aus 9 Arten pro Aufnahme. Die Bodendeckung liegt meist unter 10%.

Papaver alpinum agg.
Saxifraga aphylla, S. sedoides
Linaria alpina
Arabis alpina
Petrocallis pyrenaica
Aethionema saxatile
Cerastium latifolium
Moehringia ciliata
Hutchinsia alpina
Achillea atrata
Leontodon montanus
Campanula cochlearifolia
Poa minor
Valeriana supina
Galium helveticum
Trisetum distichophyllum

In den Süd- und Südostalpen kommen dazu:
Saxifraga hohenwartii
Cerastium carinthiacum
Alyssum ovirense
Achillea oxyloba
Ranunculus seguieri
Viola zoysii, V. dubyana
Campanula zoysii, C. raineri
Crepis rhaetica
Trisetum argenteum

In den westlichen Alpen:
Alyssum alpestre
Ranunculus parnassifolius
Viola cenisia
Crepis pygmaea, C. terglou.
Doronicum grandiflorum

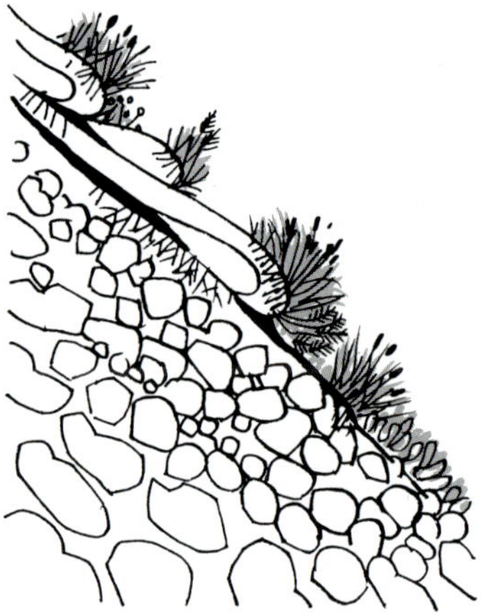

ɔb. 220 Frostbedingte Fließdynamik in
ɔinen Kalkschuttrasen
ach PACHERNEGG 1973)

Schnitt sichtbar ist die „grüne Front"
r Fließerdewülste (nach ELLENBERG,
78 verändert).

bb. 221 Auch die „Streifenrasen" setzen
h meist aus Bogenformen zusammen.
e wachsen hier auf relativ wenig beweg-
hen Schuttstreifen zwischen zwei ak-
en Schutthalden.

chel- oder bogenförmige Strukturen ver-
nden sich zu Girlanden.
ie Variation der Formen ergibt sich aus
angneigung, Steingröße und Schuttbe-
eglichkeit. Meist dominiert *Carex firma.*

bb. 222 Durch auslaufende Hangnei-
ng am Fuß dieser Halde kommt es zu ei-
m Stau der „Girlandenrasen" (nach
JBER, 1968).

Abb. 223 **Schutthalde im Kalk**

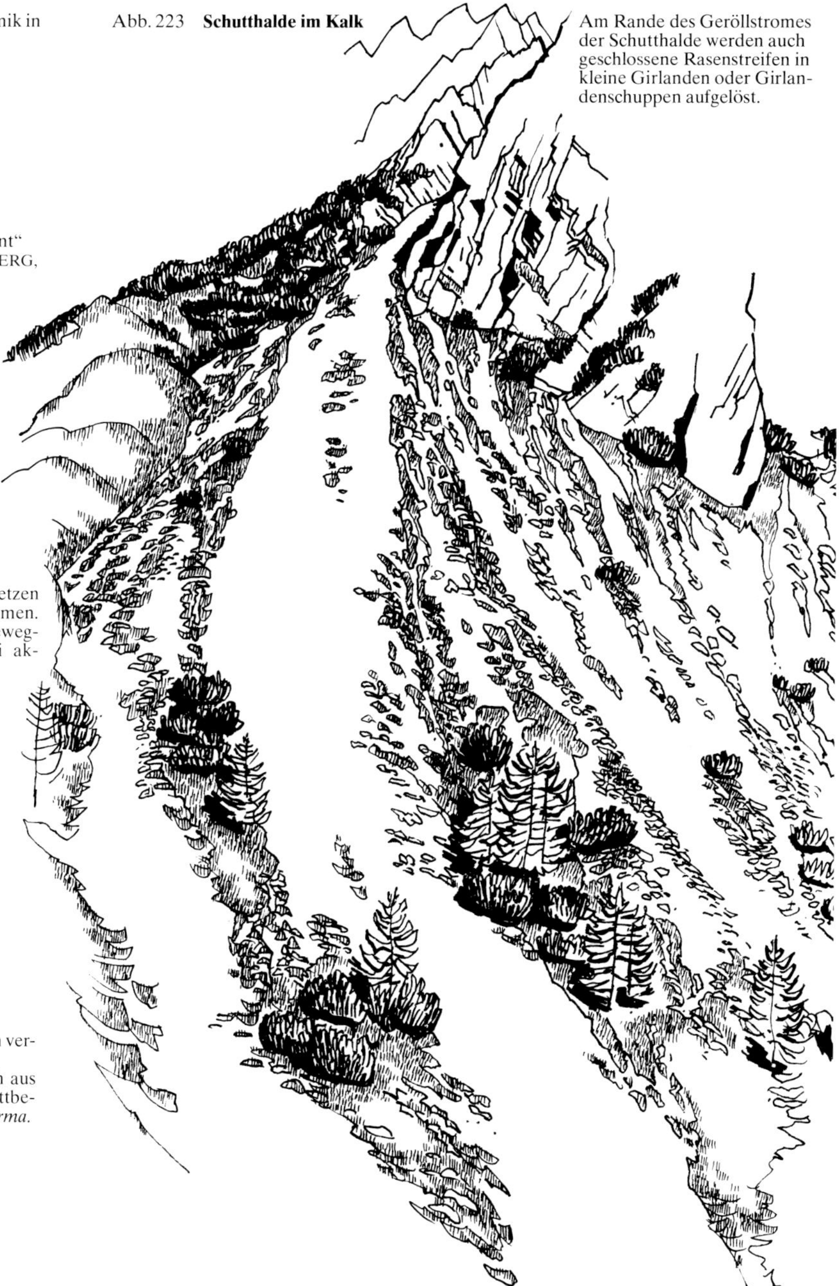

Am Rande des Geröllstromes der Schutthalde werden auch geschlossene Rasenstreifen in kleine Girlanden oder Girlandenschuppen aufgelöst.

Geschwindigkeit und Richtung des Schuttstromes lassen sich an den Rasenformen ablesen.

Im beruhigten Schutt unterhalb kleiner Gehölzgruppen (v.a. *Pinus mugo*) bilden sich Rasenzungen.

Vegetation auf Kalk-Silikatschutt

Drabion hoppeanae

Abb. 224 Roter Tauernsteinbrech *Saxifraga rudolphiana* mit sehr kleinen, dicht gepackten Blattrosetten (6 x vergr.).

Mit den Feinschutt-Gesellschaften auf Kalk-Silikat (Kalkglimmerschiefer) der alpinen und nivalen Stufe und ihren Lebensbedingungen hat sich ZOLLITSCH (1966) eingehend befaßt. Kalkglimmerschiefer verwittern rasch und gründlich. Als Endprodukt entsteht ein ± dichtes Oberflächengefüge aus Schieferblättchen oder ein Lockergefüge aus Grob- und Feinsand wie auf einer Küstendüne (Gamsgrube/Glockner). Der Wind kann hier eine sehr große Rolle spielen, weil er die Entkalkung des Bodens (durch Niederschlagswasser) mit einer Flugstaubdüngung wieder wettmacht. Die Beweglichkeit des Schutts spielt hier wohl eine geringere Rolle als in den Grobschutthalden reiner Kalkgebirge: Die Pflanzen sind weniger mechanischen Beschädigungen (Wurzelzerreißen) ausgesetzt, als vielmehr der Ausblasung des Wurzelraumes durch Wind und Ausspülung durch erodierendes Fließwasser. Die pH-Werte liegen sehr hoch (7,4–8,4), die Pflanzendecke ist sehr offen (Deckung unter 10%).

Pflanzengesellschaften

ZOLLITSCH faßt die von ihm gefundenen Pflanzenvereine als Hungerblümchen-Verband (*Drabion hoppeanae*) zusammen und unterscheidet je nach Schneebedeckungsdauer, Korngröße und Durchfeuchtung des Bodens mehrere Gesellschaften. Die Gesamtartenzahl liegt bei 50, die mittlere bei 19.

Verbindende Arten des *Drabion hoppeanae:*
Artemisia genipi
Doronicum glaciale
Draba fladnizensis

Abb. 225 Die Flugsandmulde der Gamsgrube am Großglockner mit Polsterpflanzen, v.a. *Silene acaulis*. Winderosion.

Abb. 226 Berardie *Berardia subacaulis*. Eine merkwürdige distelähnliche Komposite, endemisch auf Schieferschutthalden der SW-Alpen.

Saxifraga rudolphiana
Pedicularis asplenifolia
Gentiana orbicularis
Sesleria ovata
Crepis rhaetica
Phyteuma globulariaefolium

Saxifragetum biflorae

Pioniergesellschaft der Bratschenhänge und Moränen. Rohböden mit starker Dynamik (Wind-, Wassererosion), v. a. in Südexposition zwischen 2500 und 2700 m. Aperzeit 3 bis 4 Monate, Böden durch Schmelzwasser feucht: *Saxifraga biflora, S. rudolphiana, S. aizoides, Cerastium uniflorum*

Campanulo-Saxifragetum

Ebenfalls Rohboden-Pioniergesellschaft auf grusigem Feinschutt zwischen 2800 und 3100 m: *Campanula cenisia, Crepis rhaetica*

Drabo-Saxifragetum

Vegetation auf wenig bewegtem Feinschutt, dichter geschlossen, Böden weniger feucht als bei den Pioniervereinen, meist in Südexposition zwischen 2200 und 3000 m: *Draba hoppeana, Sesleria ovata, Salix serpyllifolia, Elyna*

Trisetetum spicati

Trockenere Ausbildung bei kürzerer Schneebedeckung (über 5 Monate Aperzeit) Vegetationsschluß um 20% (bis 90%), in Südexposition zwischen 2500 und 2700 m: *Gentiana nana, Festuca alpina, Artemisia mutellina, Braya alpina*

Berardia lanuginosa-Brassica repanda-Gesellschaft

der Südwestalpen auf Kalkmergeln und Manganschiefern zwischen 1800 und 2700 m, endemisch; mit *Ranunculus seguieri, Valeriana saliunca, Minuartia rupestris, Anemone baldensis.*

Silikatschutt-Vegetation

Androsacion alpinae

Ruhschutt der Gletschervorfelder und Moränen, aber auch feiner, feuchter oder grober bis blockiger, gefestigter oder gering beweglicher Schutt, wie er die Rinnen und Halden unterhalb von Felswänden füllt, ist von Spezialisten besiedelt. Die zeitliche Abfolge der Pflanzengesellschaften (Sukzession) ist bei der Erstbesiedlung des eisfrei gewordenen Gletscherbodens gut zu verfolgen (FRIEDEL, 1934, 1938, JOCHIMSEN 1970, 1975). Humusarme Rohböden mit saurer Bodenreaktion (pH 4,2–5,4) lassen zunächst nur die Besiedlung durch eine sehr offene Pioniergesellschaft zu. Es entstehen – abhängig vom Grad der Störung durch die Beweglichkeit der Halde – Dauergesellschaften oder vorübergehende Sukzessionsstadien, die auf Ruhschutt der Moränen bis zur Klimaxgesellschaft (meist *Curvula*rasen) führen können.

Diese Grobblockhalden sind zwar stabiler als Kalkschutthalden, aber sie enthalten weniger Feinerde. Nur dort kann sich Vegetation entwickeln.

Abb. 227 **Grobblockhalde im Silikatgebirge.**

Abb. 228 Kriechende Nelkenwurz *Geum reptans.* Eine bezeichnende Silikatschuttpflanze der Gletschermoränen.

Abb. 230 **Kriechende Nelkenwurz** *Geum reptans.*

Von einer Pflanze ausgehend überkriechen lange Ausläufer die großen Steine und wurzeln an Feinerdestellen.

Abb. 229 *Geum reptans.* Die behaarten Griffel der Fruchtschöpfe dienen der Windverbreitung der Samen.

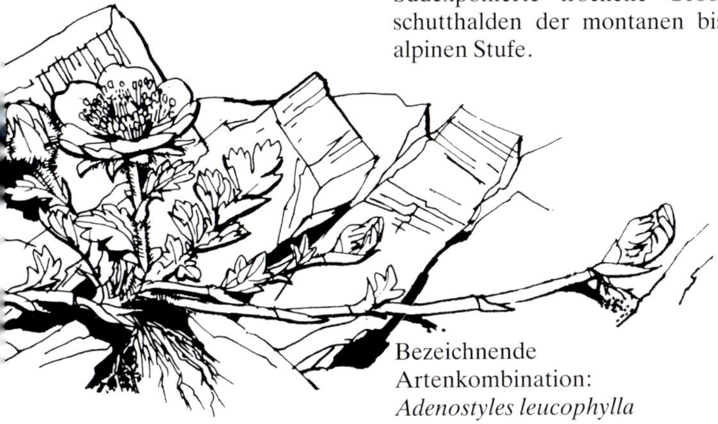

Je nach Feinerdemenge bilden sich dann neue Rosetten, die Ausläufer entlassen.

Pflanzengesellschaften

Weißblattdost-Gesellschaft
Adenostyletum leucophyllae
Südexponierte trockene Grobschutthalden der montanen bis alpinen Stufe.

Bezeichnende Artenkombination:
Adenostyles leucophylla (westalpisch)
Cryptogramma crispa
Hieracium intybaceum
Achillea moschata
Senecio abrotanifolius ssp. tyrolensis
Epilobium angustifolium
Saxifraga retusa
S. pedemontana

Gletschermannsschild-Flur
Androsacion alpinae
auf ±feuchtem, wenig beweglichem Feinschutt, mittlere Artenzahl etwa 26. Zwei Höhenvarianten:

Säuerlingsflur Oxyrietum digynae
2400–2700 m (1800 bis über 3000 m).
Oxyria digyna
Geum reptans
Epilobium alpinum
Trifolium pallescens
Cerastium pedunculatum
Campanula excisa (Wallis)
Vitaliana primuliflora

Bei längerer Schneebedeckung ist eine Weiterentwicklung zum *Luzuletum alpino-pilosae* oder

Abb. 231 Goldprimel *Vitaliana primuliflora*

Abb. 232 Moränenklee
Trifolium pallescens

Abb. 233 Alpenleinkraut *Linaria alpina*

Abb. 234 Alpensäuerling
Oxyria digyna

Abb. 235 Jochkamille *Achillea moschata*

Abb. 236 Clusius' Gemswurz
Doronicum clusii

Salicetum herbaceae möglich. Es treten Schneebodenarten hinzu:
Leucanthemopsis alpina
Gnaphalium supinum
Sibbaldia procumbens
Saxifraga seguieri
Soldanella pusilla
Solorina crocea

Androsacetum alpinae
ist die verarmte, polsterpflanzen- und schneebodenartenreiche Höhenvariante (meist oberhalb 2700 m) der Säuerlingsflur. Eine klare Trennung läßt sich im Übergangsbereich kaum durchführen.
Androsace alpina
Ranunculus glacialis
Saxifraga bryoides
S. moschata
Minuartia sedoides
Silene exscapa
Luzula spicata
Artemisia genipi
Cerastium uniflorum
Gentiana rotundifolia

Abb. 237 Weißfilziger Alpendost *Adenostyles leucophylla*

Abb. 238 **Flechtenvielfalt auf Silikat.** Silikatgestein wird von zahlreichen Krusten-, Strauch- und Blattflechten besiedelt, die nicht nur auf anstehendem Fels, sondern auch auf den sehr langsam verwitternden Blöcken der Grobschutthalden wachsen.

Blockhalden im Silikat sind kaum in Bewegung. Die langsam wachsenden Flechten haben damit Zeit zur Entwicklung.

Landkartenflechte
Rhizocarpon alpicola

Strauchflechte
Pseudephebe pubescens

Schildkrötenflechte
Biatorella polyspora

Krustenflechte
Lecidea armeniaca

Kalkfelsvegetation

Potentillion caulescentis

Felspflanzen im eigentlichen Sinn nennen wir nach OETTLI (1903) nur jene Pflanzen, die imstande sind, als erste „den Fels dauernd zu besiedeln und eine ausgeprägte Abhängigkeit vom Fels als Unterlage erkennen lassen". Dies trifft in erster Linie für die epipetrisch (auf der Gesteinsoberfläche) lebenden Algen und Moose zu (auf Silikat besonders die seidig-grau behaarten Polster von *Grimmia, Andreaea rupestris* und *Rhacomitrium lanuginosum,* auf Kalk besonders *Hypnum dolomiticum, H. vaucheri* und *Barbula bicolor),* aber auch für die nahezu unsichtbaren endopetrischen (im Gestein lebenden) **Flechten,** die fast ausschließlich im Kalkfels leben. Der Pilzpartner scheidet Säuren aus, die Flechten können nach Auflösung des $CaCO_3$ ins Gestein eindringen. Nur die Fruchtkörper (Perithecien) sind als „Nadelstiche" oder winzige Gruben (0,1– 0,5 mm ∅) sichtbar (*Verrucaria*-Arten). Große Flächen der Kalkwände sind oft durch die teils auf, teils im Gestein lebenden Lager von *Lecanora* (=*Aspicilia*) *coerulea* hell graublau gefärbt (Abb. 243). Die schwärzlichen Tintenstriche, welche die Regenwasserbahnen von nordseitigen Kalkwänden markieren, werden aus Krusten der kugelzelligen, von geschichteter Gallerte umhüllten Lager der Blaualgen *Gloeocapsa alpina* und fädigen *Scytonema*-Arten gebildet. DIELS (1914) hat in den Dolomiten festgestellt, daß unter der

Abb. 239 Die senkrechten Dolomitberge der Cadin-Spitzen bieten v.a. auf den warmen Südwänden Spaltenpflanzen Wuchsmöglichkeiten.

Oberfläche von kompaktem Dolomitfels in einer Tiefe von 4–8 mm eine grüne Schicht existiert, die aus kleinen Blaualgen (*Gloeocapsa, Aphanothece*) und fädigen Grünalgen (*Trentepohlia*) besteht. Das lebensnotwendige Wasser muß durch unsichtbare Haarrisse einsickern, Licht für die Photosynthese durchdringt ausreichend die wenigen Millimeter der hellen Felsen.

Die **Blütenpflanzen** sind allesamt nicht Felspflanzen im engsten Sinn, sondern Felsspaltenpflanzen, da sie ja Wurzelraum benötigen. Erstaunlich ist, wie tief und in wie enge Spalten die Wurzeln einzudringen vermögen (Abb. 248). Feinwurzeln des Stengelfingerkrauts (*Potentilla caulescens*) können selbst in allerfeinste Haarrisse der Kalkfelsen hineinwachsen. Besser gelingt dies in Grobspalten, den Klüften, die der natürlichen Lagerung des Gesteins folgen. In diesen Spalten bleibt stets genug Feuchtigkeit gespeichert, so daß die oberflächliche Trockenheit des Felsstandortes täuscht. Wurzelnetze von 1,5 m Länge und 50 cm Breite sind keine Seltenheit (*Achillea moschata*). Sehr reichhaltig ist

Abb. 241 Stengelfingerkraut *Potentilla caulescens*

Abb. 242 Dolomiten-Fingerkraut *Potentilla nitida*

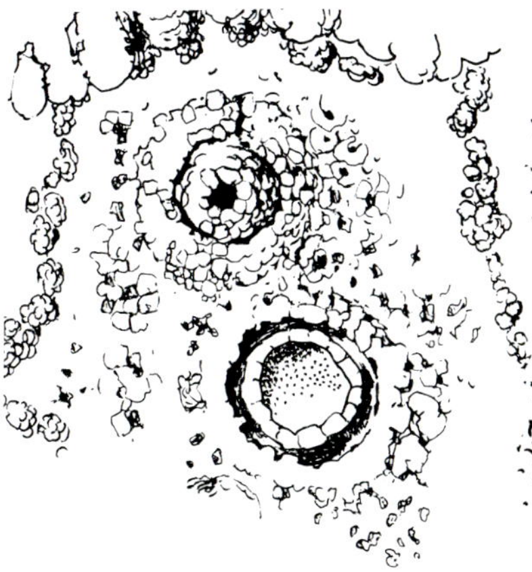

Abb. 240 Kalkfelsflechte *Petractis clausa*

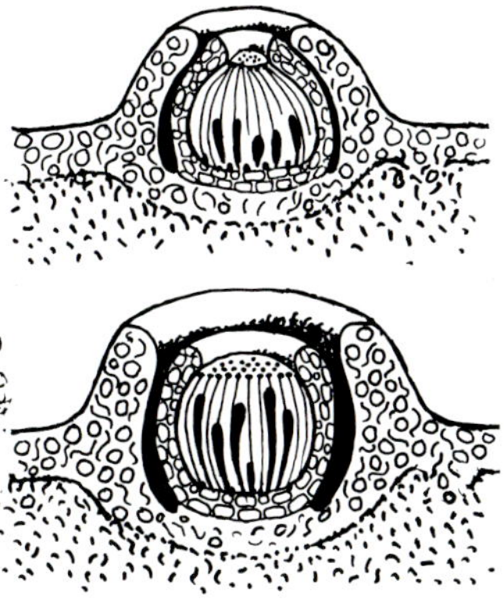

Schnitt durch die im Fels eingesenkten Fruchtkörper (nach OZENDA/CLOUZ).

Abb. 243 Krustenflechtengesellschaft auf Kalkfels: *Lecanora coerulea*

Abb. 244 Schopfige Teufelskralle *Physoplexis comosa*

Abb. 245 Schweizer Mannsschild *Androsace helvetica*

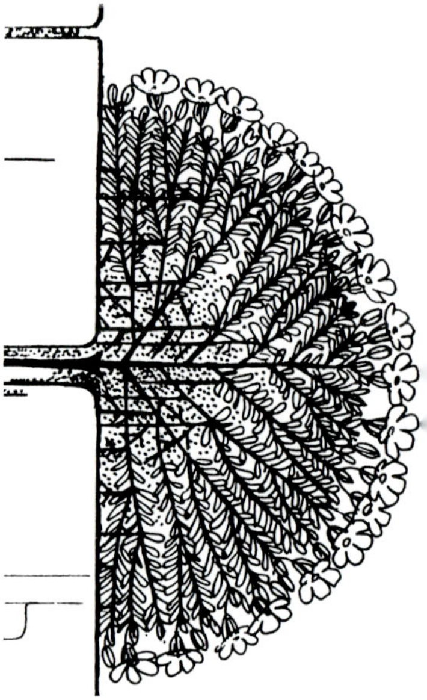

Abb. 246 Schnittschema durch ein Kugelpolster, die Wurzeln an den Seitenästen nehmen Nährstoffe aus dem Humus des Polsterinneren auf. Da die alten Blätter im Innenraum zersetzt werden, geht kaum organische Substanz verloren.

Abb. 247 Zwerg-Gänsekresse *Arabis pumila*

auch das Bodenleben in der humosen Feinerde der Klüfte: Bakterien, Pilze und vielerlei Bodentiere, v.a. Regenwürmer finden hier einen geschützten Lebensort. Neben den Spalten ± senkrechter Wände kommen v.a. kleine Absätze und Verwitterungsnischen auf Steilfels als Wuchsplätze für Blütenpflanzen in Betracht. Sobald eine Pflanze sich einmal in einer Felsspalte festsetzen kann, ist sie weitgehend sicher vor Weidetieren und der Konkurrenz durch Mitbewerber.

Mit zunehmender Meereshöhe rücken Blütenpflanzen mehr und mehr – oberhalb 3000 m ausschließlich – auf die wärmere Südseite der Gipfel. Eine ökologische Besonderheit ist die starke Aufheizung der Felsstandorte an Strahlungstagen.

So stieg die Gesteinstemperatur

Mitte April auf dem Weißfluhjoch (2667 m) zu Mittag auf + 14,3° bei einer Lufttemperatur von −9,4° (JAAG, 1945). Da Schnee auf steilem Fels nur für kurze Zeit haften bleibt, sind Felsspaltenplanzen ± ungeschützt dem Winterfrost und dem Wind ausgesetzt, so daß verdunstungshemmende Einrichtungen lebenswichtig werden.

Einige Felspflanzen sind sukkulent und können Wasser speichern wie die Mauerpfeffer (*Sedum*) oder die Aurikel (*Primula auricula*).

Nicht ohne Grund rücken die Rosetten sehr vieler Felsspaltenpflanzen zu dichten Kugelpolstern zusammen; der überdauernde Vegetationspunkt der einzelnen Rosette ist tief im Innern einer schützenden Hülle aus dicht schließenden Blättchen geborgen (*Saxifraga, Androsace*). Das Musterbeispiel einer extrem dichten Kugelpolsterpflanze ist der Schweizer Mannsschild (*Androsace helvetica*). Er gehört zu den windhärtesten, auch im Winter schneefreien Hochgebirgspflanzen der Alpen. Blattstellung und filzige Behaarung bewirken sicher eine ähnliche Verbesserung des Bestandesklimas wie bei *Loiseleuria* (siehe S. 124).

Der humusgefüllte, von zahlreichen Bodentieren belebte Innenraum des Polsters ist Nährstoffreservoir und Wasserspeicher. Das Wachstum solcher Polster vollzieht sich sehr langsam, große Exemplare sind sicher viele Jahrzehnte alt. Die polsterbildenden Gebirgssippen der Mannsschilde sind wohl in den westeuropäischen Gebirgen entstanden (S-Spanien, Pyrenäen, Westalpen).

Leider gibt es über die Lebensbedingungen an hochalpinen Felsstandorten nur sehr sporadische

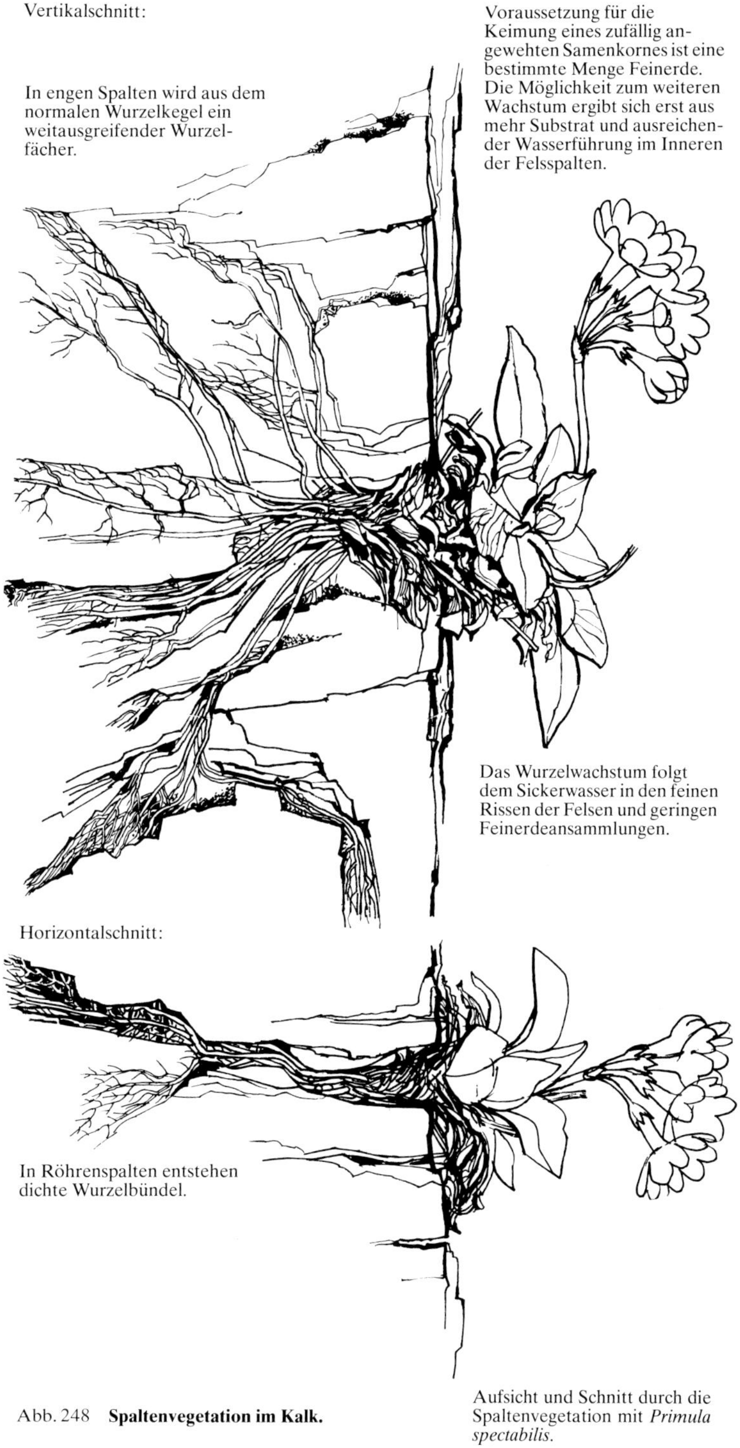

Abb. 248 **Spaltenvegetation im Kalk.**

Aufsicht und Schnitt durch die Spaltenvegetation mit *Primula spectabilis.*

Abb. 249 Zwerg-Alpenrose
Rhodothamnus chamaecistus

Abb. 250 Sieber's Teufelskralle
Phyteuma sieberi

Abb. 251 Zwerg-Kreuzdorn
Rhamnus pumila

Abb. 252 Traubensteinbrech
Saxifraga paniculata

Abb. 253 Stachelspitzige Segge
Carex mucronata

Abb. 254 Kugelblume
Globularia cordifolia

Angaben, aber noch keine eingehenden Messungen des Mikroklimas und der Lebensweise ausgewählter Felspflanzen.

Pflanzengesellschaften

Die Vegetation der Kalkfelsspalten umspannt einen großen Höhenbereich. Senkrechte Felswände sind zwar in vieler Hinsicht Extremstandorte, dafür auch in tiefen Lagen weitgehend frei von der Konkurrenz durch die Wiesen- und Waldflora. Zwei Höhenausbildungen lassen sich unterscheiden:

Die Stengelfingerkraut-Gesellschaft

Potentilletum caulescentis bewohnt Spalten ± trockener Felswände vom Tal bis in die subalpine Stufe (500–2300 m).

Charakteristische Artenverbindung:

Potentilla caulescens
Asplenium ruta-muraria
Cystopteris fragilis
Carex mucronata
Festuca alpina
Poa glauca
Minuartia rupestris
Kernera saxatilis
Arabis pumila
Draba aizoides
Silene saxifraga
Saxifraga paniculata
Valeriana saxatilis
Sedum roseum (auch auf Silikat)
Daphne alpina
Rhamnus pumila
Globularia cordifolia

In den südlichen Kalkalpen sind die Kalkfelsspalten die bevorzugten Reliktstandorte zahlreicher Endemiten:

Südalpen:
Potentilla nitida
Asplenium seelosii
Androsace hausmannii
Sempervivum dolomiticum
Moehringia glaucovirens
M. bavarica
Saxifraga hostii
Physoplexis comosa
Phyteuma sieberi
Daphne petraea
Saxifraga burserana
S. tombeanensis
S. vandellii
Valeriana elongata
Campanula morettiana
C. raineri
C. elatinoides
C. petraea
C. carnica
Artemisia nitida

Südostalpen:
Spiraea decumbens
Saxifraga crustata
Potentilla clusiana
Primula tyrolensis
Campanula zoysii

Südwestalpen:
Silene campanula
Saxifraga diapensioides
S. lingulata
Primula marginata
Sempervivum calcareum
Bupleurum petraeum
Phyteuma charmelioides
Globularia nana

Schweizer Mannsschild-Gesellschaft

Androsacetum helveticae ist die artenarme Ausbildung der hochalpinen Stufe (2300 bis > 3000 m)

Androsace helvetica
A. brevis (Grigna, Comersee)
Draba tomentosa
D. ladina
Minuartia rupestris
M. cherlerioides
Saxifraga muscoides
(auch auf Silikat)

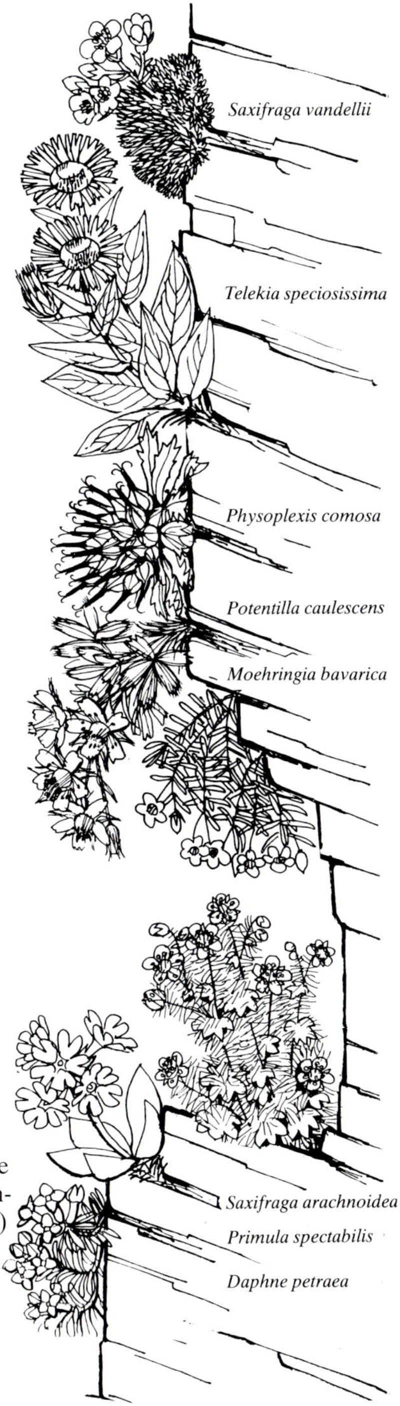

Abb. 255 Endemische Felsspaltenpflanzen der *Potentilla cauleseens*-Gesellschaft in den Lombardischen Kalkalpen:

Abb. 256 Burser's Steinbrech
Saxifraga burserana

Abb. 257 Wilde Manndelen
Paederota bonarota

Abb. 258 Tombéa-Steinbrech
Saxifraga tombeanensis

Silikatfels-vegetation

Androsacion vandellii

Die Spaltenvegetation der festeren, langsamer verwitternden Gneisfelsen ist wesentlich artenärmer an Blütenpflanzen als die der Kalkfelsen. Dabei mag auch ein erdgeschichtliches Ereignis beteiligt sein: die hohen Silikatketten lagen fast durchwegs im Zentrum der eiszeitlichen Vergletscherung und boten keine Zufluchtsstätten für anspruchsvollere Gewächse. Dafür sind die Silikatfelsflächen der alpinen und nivalen Stufe viel reicher an epipetrischen Flechten. Hier wachsen sehr zahlreiche Krustenflechten teilweise sogar auf reinem Quarz wie die gelb-schwarz gefelderten Landkartenflechten (*Rhizocarpon*), die Schildkrötenflechten (*Biatorella* = *Sporastatia*), die rostfarbenen, von schwarzen Fruchtkörpern punktierten *Lecidea*-Arten, die leuchtend gelben *Acarospora* und die graue, von großen roten Apothecien gesprenkelte Blutaugenflechte (*Haematomma ventosum*).

Ebenfalls häufig sind Blattflechten der Gattung *Umbilicaria* (Nabelflechten) und *Parmelia*, seltener die Strauchflechten (wie etwa die stickstoffbedürftigen *Ramalina*-Bäumchen der Vogelsitzplätze).

Abb. 259 Moos-Steinbrech *Saxifraga bryoides*

Abb. 260 Pracht-Steinbrech *Saxifraga cotyledon*

Abb. 261 Berghauswurz
Sempervivum montanum

Abb. 262 Landkartenflechte
Rhizocarpon geographicum

Abb. 263 Schrofenrösl *Primula hirsuta*

Pflanzengesellschaften

Zwei Höhenvarianten (mit unscharfen Übergängen) lassen sich unterscheiden:

Mauerfarn-Schrofenrösl-Gesellschaft
Asplenio-Primuletum hirsutae
Tieflagen (300 m – Tessin) bis 2500 m.

Primula hirsuta
Asplenium septentrionale
Woodsia ilvensis
Sedum anacampseros
Sempervivum montanum
S. arachnoideum
S. wulfenii
S. grandiflorum (Westalpen)
Saxifraga aspera
S. cotyledon
Dianthus sylvestris
Erysimum helveticum
Bupleurum stellatum
Erigeron gaudini

Vandelli's Mannsschild-Gesellschaft
Androsacetum vandellii

A. vandellii ist in den westlichen Alpen, nach Osten bis ins Porphyrgebiet von Primiero, in den Pyrenäen und der Sierra Nevada verbreitet. Die Gesellschaft bewohnt die hochalpine Stufe. In den östlichen Alpen wird sie durch *A. wulfeniana* ersetzt.

Eritrichium nanum
Minuartia cherleroides ssp. *rionii*
Primula viscosa
Phyteuma humile
Artemisia genipi
A. mutellina (auch auf Kalk)
A. glacialis
(W-Alpen; auch auf Kalk)
Saxifraga exarata
S. muscoides (auch auf Kalk)

Südwestalpen:
Saxifraga florulenta
Artemisia eriantha

Abb. 264 Seealpen-Steinbrech *Saxifraga florulenta*

Abb. 265 Felsennelke *Dianthus sylvestris*

Abb. 266 Krainer Kreuzkraut *Senecio carniolicus*

Abb. 267 Himmelsherold *Eritrichium nanum*

Abb. 268 **Vegetation in einer Silikatfelsspalte.**

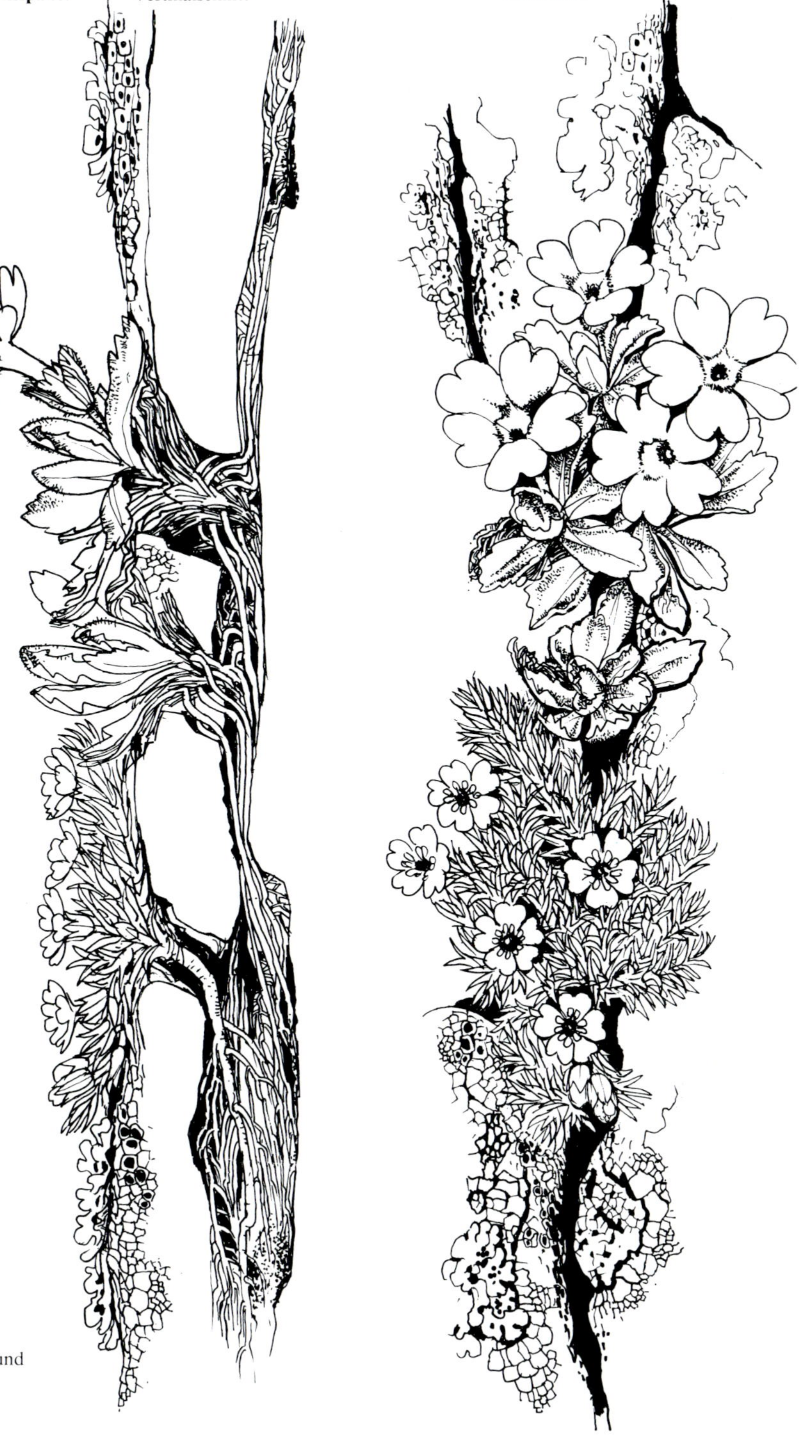

Jedes Einzelindividuum (Rosette) von *Primula hirsuta* verteilt seine vielen fleischigen Wurzeln weit ausstreichend in den Spalten.

Die Flachpolster des Stengellosen Leimkrauts besitzen nur eine zentrale Pfahlwurzel, die über 1 m lang werden kann. Die Polster erreichen bis 1 m Durchmesser.

Schema der Flachpolsterbildung beim Stengellosen Leimkraut *(Silene acaulis)* mit sympodialer Wuchsform.

Silikatfelsen sind reich mit Blatt- und Krustenflechten besiedelt.

Nivale Stufe

Abb. 269 Subnivale Rasenfragmente in fast 3000 m Höhe an einer geschützten Südflanke über dem Gletscher.

Das „Pflanzenleben an seinen äußersten Grenzen" hat schon früh Botaniker interessiert und begeistert (HEER 1883, BRAUN-BL. 1913). Die von zarten Blüten übersäten Kugelpolster des stengellosen Leimkrauts, des Gletschermannsschilds oder eines Steinbrechs, die sich inmitten einer lebensfeindlichen „Wüste" aus Fels, Schutt und Eis behaupten, sind ja geradezu Sinnbilder der Lebenskraft. Blütenpflanzen müssen in diesen Gipfelhöhen oberhalb 3000 oder sogar 4000 m mit zahlreichen Schwierigkeiten der Umwelt fertig werden, bewältigen diese aber durch vielerlei äußere und v. a. innere Anpassungen. Noch sehr viel reicher ist das kaum beachtete Leben der nivalen Sporenpflanzen (Kryptogamen), der Moose und bunten Krustenflechten und der mikroskopisch kleinen, direkt kaum sichtbaren Bodenbakterien, Pilze und Algen. Sie werden aus Feinerdeproben im Labor auf künstlichen Nährböden angezogen. Einen sehr kühlen Lebensraum haben sich auch die „Schneealgen" ausgesucht, deren Massenvorkommen den Firn rot oder grünlich färben können.

Wenn wir eine Höhenstufeneinteilung der Vegetation versuchen, so bietet sich an, die Auflösungszone der alpinen Rasen in Rasenfragmente (an günstigen südseitigen Felsabsätzen) als **Subnivale Stufe,** die nach oben anschließende rasenfreie Fels- und Schuttzone mit einem sehr lockeren Bewuchs einzelner und oft weit voneinander entfernter Blütenpflanzen (v. a. Polster) als **Nivalstufe** zu bezeichnen. Die Vegetation dieser unteren nivalen Stufe setzt sich aus den gleichen Ruhschutt- und Felsspaltensiedlern zusammen, die wir schon kennen (S. 119). Erstaunlich groß ist die Zahl der Arten, die in den Alpen bis in die Nivalstufe vordringen können: 264 Arten nennt SCHROETER (1926), nach REISIGL und PITSCHMANN (1958) übersteigen in den zentralen Ötztaler Alpen 104 Blütenpflanzen die 3000-m-Grenze. Über 4000 m wachsen noch 9 Blütenpflanzen. Den Höhenrekord halten *Ranunculus glacialis* und *Achillea atrata* mit 4270 m am Finsteraarhorn; es folgen *Androsace alpina, Saxifraga bryoides, S. moschata, S. muscoides, S. biflora, Gentiana brachyphylla, Phyteuma pedemontanum.* Im Himalaya steigt eine ganze Reihe von Blütenpflanzen bis und über 6000 m, die absolute Obergrenze scheint das Moossandkraut *Arenaria bryophylla* am Everest bei 6180 m zu erreichen. ELLENBERG (1968) wies darauf hin, daß die Bodenreaktion für die Pflanzen der Nivalstufe offenbar kaum eine Rolle spielt, weil hier die Konkurrenz fehlt.

Die oberste, nur mehr von Sporenpflanzen bewohnbare Höhenzone könnten wir „Obere nivale Stufe" oder **„Kryptogamenstufe"** nennen. Grundvoraussetzung für jede Besiedlung eines Nivalstandortes durch Blütenpflanzen ist eine waagrechte, besser noch eine nach innen fallende Schichtung des Gesteins, so daß ebene Absätze entstehen, auf deren feinem Verwitterungsgrus die Samen keimen können. Gipfel, für die diese Voraussetzung nicht zutrifft, deren Schutt also ohne Halt nach unten rutscht, sind auch in der allein besiedelbaren Südexposition ohne Blütenpflanzen. Die bestangepaßten Lebenskünstler der Nivalstufe sind sicher die **Flechten.** Dieser symbiontische „Doppelorganismus" aus Pilz und Alge hat nicht nur er-

Abb. 270 Einblütiges Hornkraut *Cerastium uniflorum*

Abb. 271 **Gletscherhahnenfuß**
***Ranunculus glacialis:* Entwicklungsstadien**

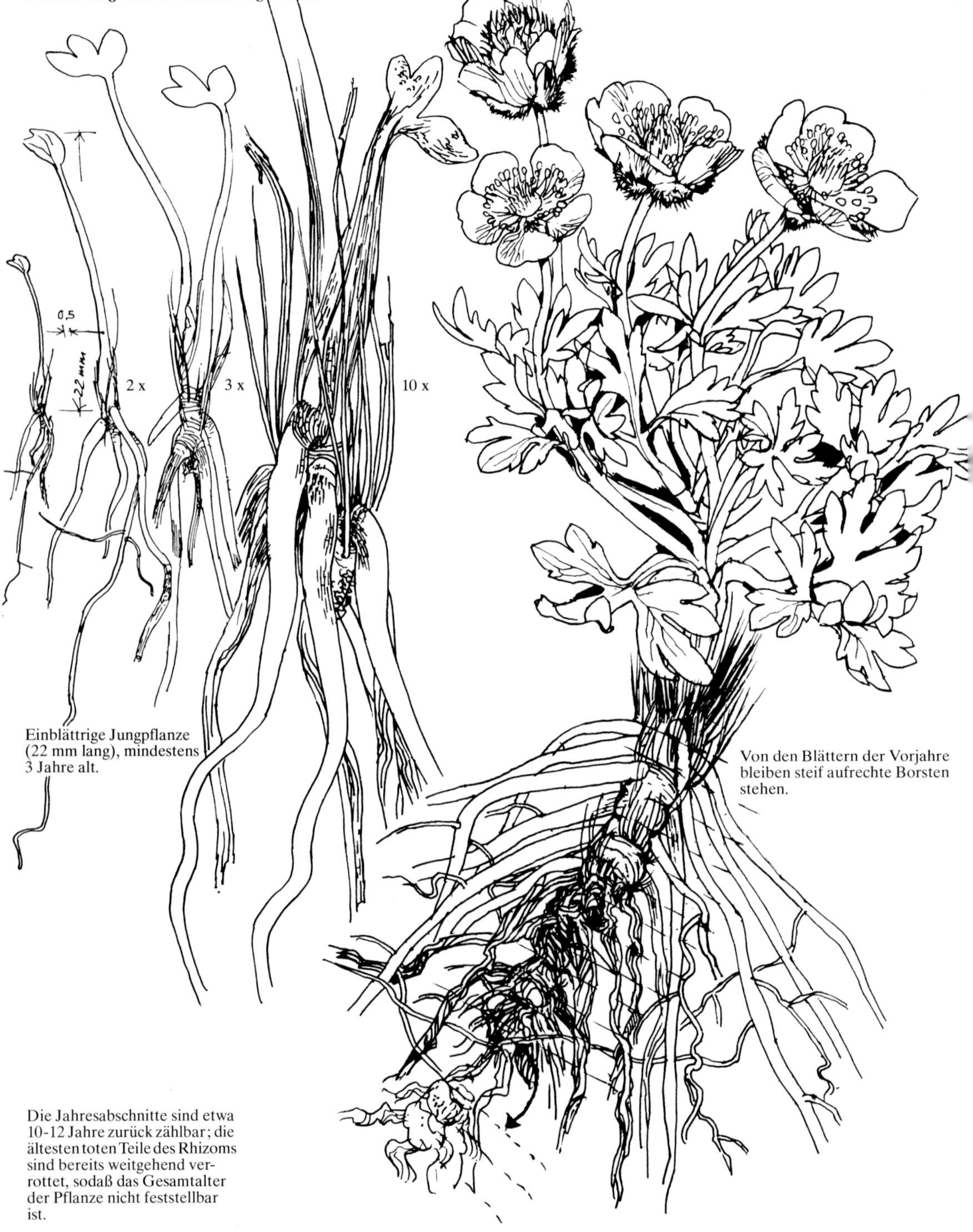

Einblättrige Jungpflanze (22 mm lang), mindestens 3 Jahre alt.

Von den Blättern der Vorjahre bleiben steif aufrechte Borsten stehen.

Die Jahresabschnitte sind etwa 10-12 Jahre zurück zählbar; die ältesten toten Teile des Rhizoms sind bereits weitgehend verrottet, sodaß das Gesamtalter der Pflanze nicht feststellbar ist.

Abb. 272 Gletscherhahnenfuß *Ranunculus glacialis*

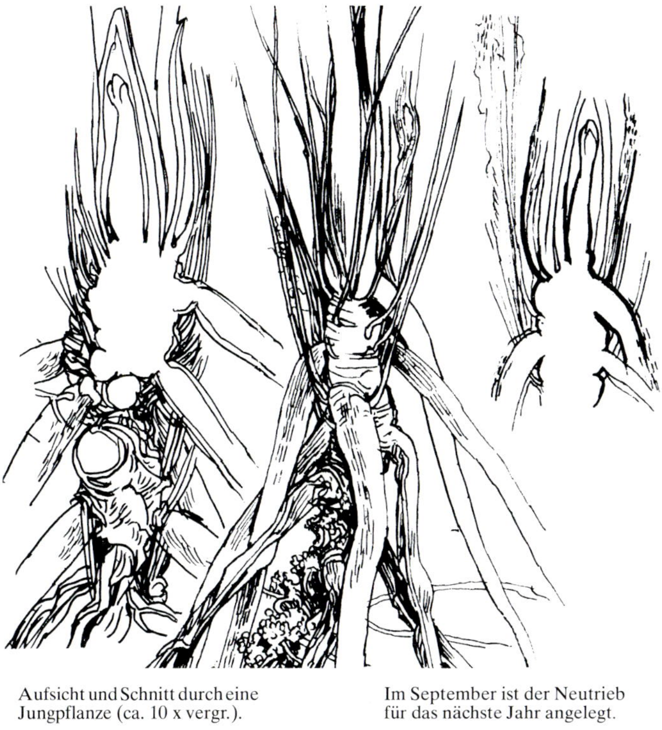

Aufsicht und Schnitt durch eine Jungpflanze (ca. 10 x vergr.).

Im September ist der Neutrieb für das nächste Jahr angelegt.

staunlich viele neue Gestalten erfunden, er ist auch zu verblüffenden Anpassungen fähig. So hat LANGE (1962) gemessen, daß manche Hochgebirgsflechten bis −24° C Stoffgewinn erzielen, einige ihr Temperaturoptimum zwischen 0 und −10° haben und nach 15stündigem Aufenthalt bei −30° im Licht sofort wieder assimilieren, wenn der Gefrierpunkt überschritten wird.

Über die Lebensvorgänge bei Nivalpflanzen sind wir v.a. durch die langjährigen Forschungen von MOSER et al. (1977) am Hohen Nebelkogel (3184 m) in den Ötztaler Alpen unterrichtet. Im Reich des Gletscherhahnenfußes *(Ranunculus glacialis)* dauert die Vegetationszeit je nach Witterung und Standort ca. 3 Monate. Sie wird immer wieder durch Kaltlufteinbrüche mit Schneefall und Frost unterbrochen, so daß die von Pflanzen nutzbare Produktionszeit im Schnitt nur zwischen 30 und 70 Tagen beträgt. Da der Gletscherhahnenfuß in der Wachstumsphase recht frostempfindlich ist (−6°), überlebt er solche Wetterstürze im Sommer nur in windgeschützten Mulden unter Schneeschutz. Bei Strahlungswetter erwärmen sich die Blätter regelmäßig um bis zu 20° über die Lufttemperatur (Abb. 280). Nach dem Ausapern (zwischen Anfang Juni und Anfang August) beginnen die nivalen Blütenpflanzen ihre Knospen zu treiben, Blätter entfalten sich, Triebe und Wurzeln wachsen und die schon 1–2 Jahre vorher angelegten Blüten öffnen sich (Abb. 28). Die zeitliche Abfolge (Phänologie) der Lebensvorgänge ist in Abb. 30 dargestellt: Als erster blüht – noch vor dem vegetativen Wachstum – der Rote Steinbrech *(Saxifraga oppositifolia)*. Die Blüten sind sehr kälteresistent (bis −15°) und erleiden daher bei Frost keinen Schaden; der neue Austrieb der empfindlicheren Blätter erfolgt erst später, wenn die Gefahr vorüber ist. Die anderen Nivalpflanzen beginnen zuerst Blätter zu bilden; sie blühen erst später. Einen allgemeinen Zusammenhang zwischen dem tatsächlichen Witterungsverlauf im Hochgebirge und dem photosynthetischen Stofferwerb der Pflanzen zeigt die Abb. 284: Die Leistungsfähigkeit von *Ranunculus glacialis* ist zwar bei Starklicht und höheren Temperaturen relativ am besten, aber über einen breiten Licht- und Temperaturbereich nicht wesentlich schlechter (Abb. 286). Die Witterungslage am Nivalstandort ist jedoch während der Hälfte der Vegetations-

Abb. 273 Nivaler Lebensbereich der Kryptogamen und Moose: Polstermoos *Oreas martiana*

zeit wenig günstig (Schlechtwetter mit Bewölkung, tiefen Temperaturen, schwachem Licht). In dieser Situation erwirtschaftet *Ranunculus glacialis* aber trotzdem die Hälfte des Jahresgewinns. Der Rest verteilt sich auf warme Strahlungstage mit hohem Gewinn und „mittlere" Situationen. Im September zieht der Gletscherhahnenfuß ein.

Abb. 274 Moos-Steinbrech *Saxifraga bryoides*

Abb. 275 Moschus-Steinbrech *Saxifraga moschata*

Abb. 276 Roter Steinbrech *Saxifraga oppositifolia*

Abb. 277 Grünblütige Polstermiere *Minuartia sedoides*

Abb. 278 Seguier's Steinbrech *Saxifraga seguieri*

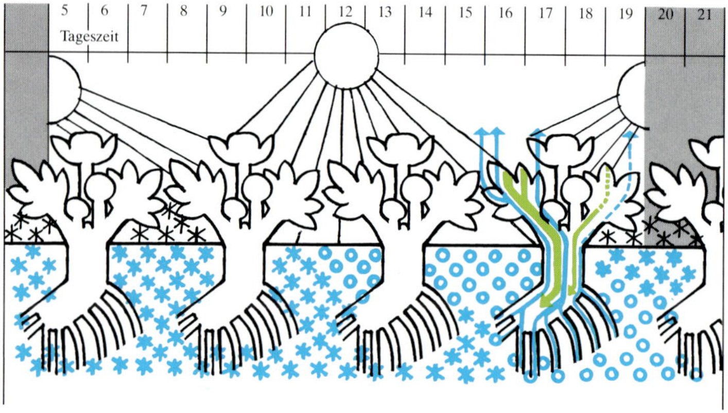

Abb. 279 Tagesgang des Bodenwassergehaltes in der Nivalstufe im Frühling und Herbst (Modelldarstellung). Durch zeitliche Verschiebung der Erwärmung von Pflanze und Boden ist trotz Schönwetter nur wenig Stoffgewinn möglich. Der gefrorene Boden taut spät auf; wenn die Pflanzenwurzeln Wasser aufnehmen können, bleibt nur eine kurze Zeitspanne für Nährstofftransport und Vorratsproduktion durch Photosynthese.

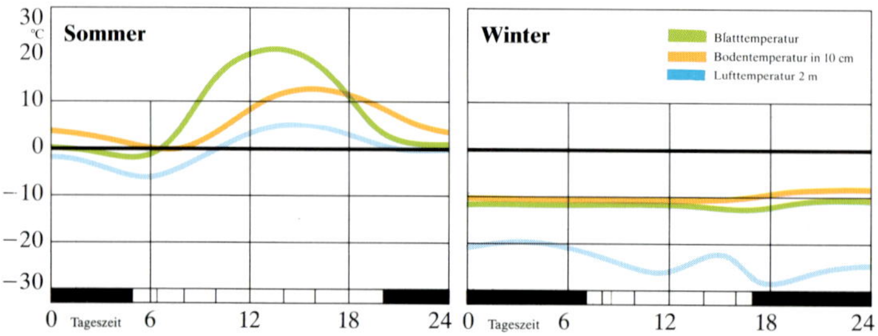

Abb. 280 Tagesgang der Blattemperatur, der Lufttemperatur in 2 m Höhe und der Bodentemperatur in 10 cm Tiefe. Gratstandort in der Nivalstufe der Zentralalpen. Klartag im Sommer bzw. Winter (nach MOSER et al. 1977, verändert).

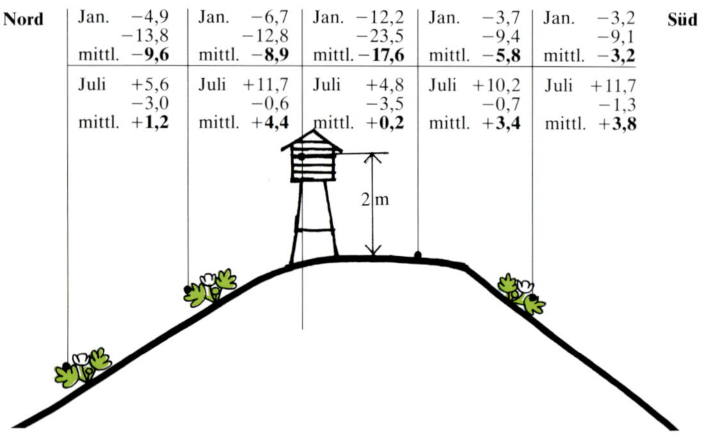

Abb. 281 Mittlere Temperaturverhältnisse und Pflanzentemperaturen am Nivalstandort Hoher Nebelkogel (3187 m) (nach Daten bei MOSER et al. 1977).

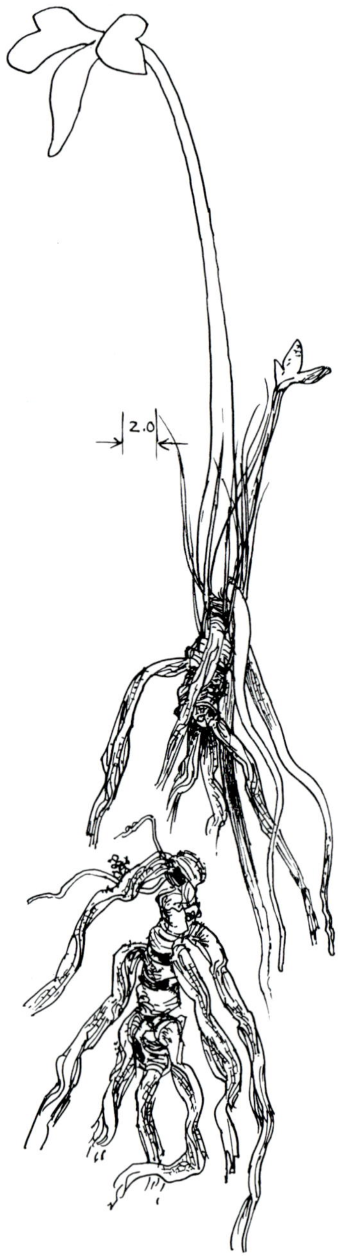

Abb. 282 Kleines Individuum eines über 10jährigen Gletscherhahnenfußes von einem extrem ungünstigen Standort. Die jährlich in Rhizom und Wurzeln gespeicherten Vorräte werden laufend verbraucht, sodaß der Zuwachs sehr gering ist. Die leeren, netzadrigen Hüllen zeigen, daß sich noch kein längeres Rhizom für eine größere Pflanze entwickeln konnte.

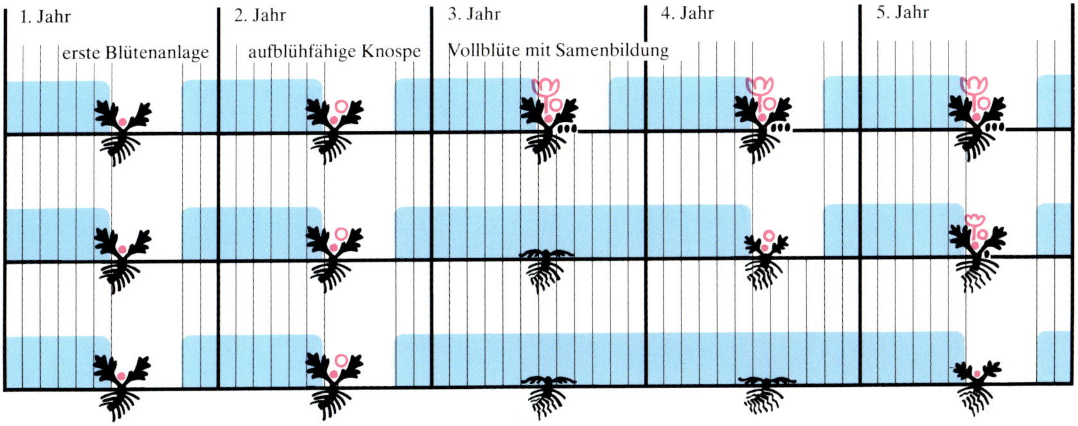

Abb. 283 Auswirkung der Schneebedeckungsdauer auf die Entwicklung von *Ranunculus glacialis:*

a) normaler Winter (8 Monate Schneedecke)
b) 1 Sommer mit bleibender Schneedecke (20 Monate) unter Schnee. Blütenbildung verzögert.
c) 2 Sommer andauernde Schneedecke. *Ranunculus glacialis* ist 32 Monate unter Schnee: keine Blüte.

Licht, Temperatur und Photosynthese an der Station „Hoher Nebelkogel" 3184 m, 31. 7. – 6. 8. 1969 *Ranunculus glacialis*

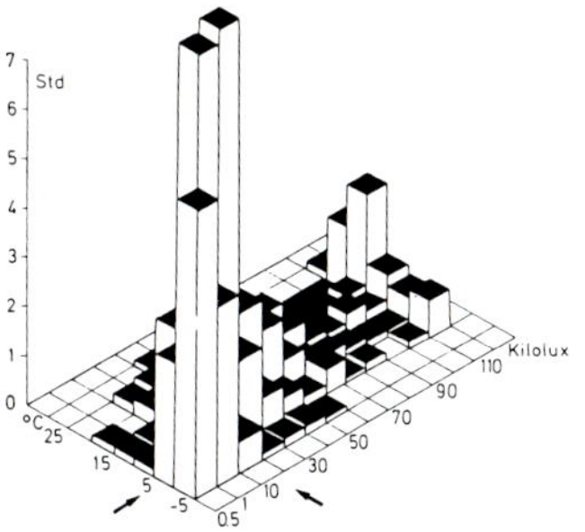

Abb. 284 durchschnittliche Stundenleistung der Netto-Photosynthese von *Ranunculus glacialis* am Standort in Abhängigkeit von Beleuchtungsstärke und Temperatur.

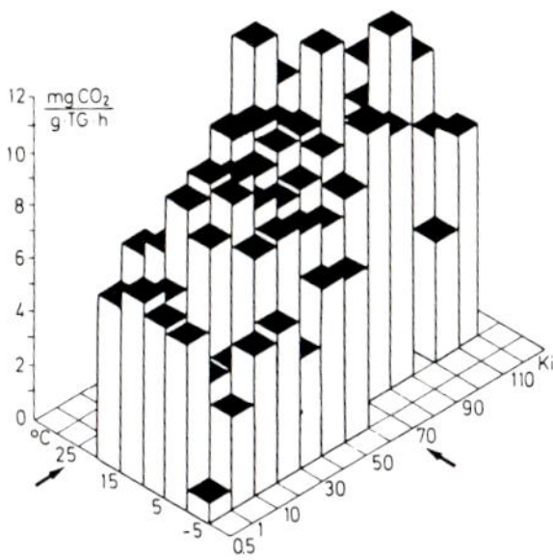

Abb. 285 Tatsächliche Witterungsbedingungen: die Pfeile markieren die häufigste Kombination von Temperatur und Licht.

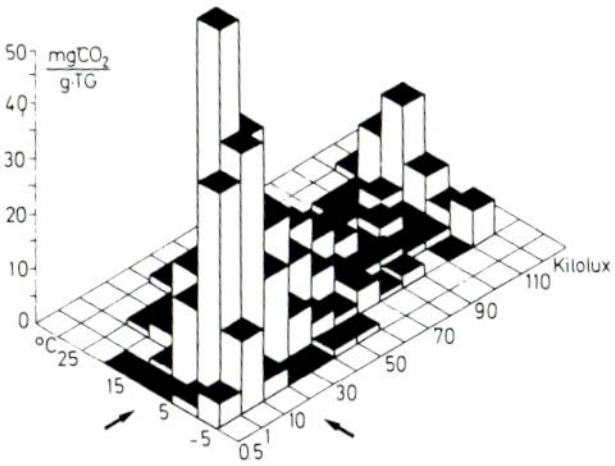

Abb. 286 Aufgenommene CO_2-Menge. Die Pfeile markieren den ergiebigsten Bereich. (Nach MOSER et. al. 1977).

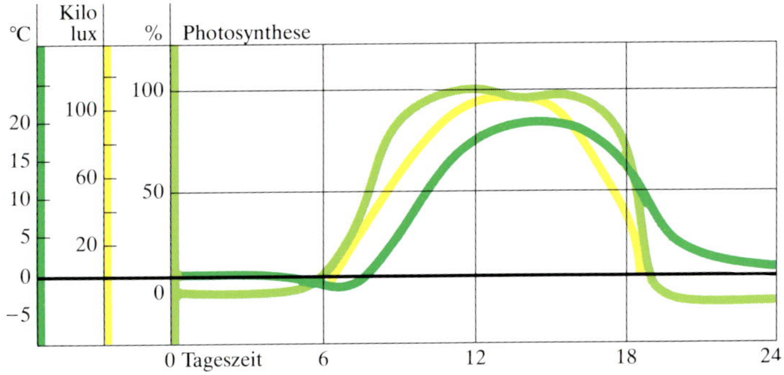

Abb. 287 Typischer Tagesgang des CO_2-Gaswechsels von *Ranunculus glacialis* am Hohen Nebelkogel. Breites Optimum der Assimilation (MOSER et a. 1977)

Abb. 288 Bayerischer Polster-Enzian *Gentiana bavarica var. subacaulis*

Abb. 289 Gletscher-Fingerkraut *Potentilla frigida*

Abb. 290 Gletscher-Mannsschild *Androsace alpina*

Nicht alle Nivalpflanzen sind „Hochleistungstypen“ wie der Gletscherhahnenfuß, der bei Starklicht (60–70 Klux) und Temperaturen zwischen 20 und 25° am meisten organische Substanz produziert (20–26 mg CO_2/g Trockengewicht/Stunde). Manche Polsterpflanzen wie *Saxifraga bryoides* und *S. moschata* sind auf mittlere Temperaturen (10–15°) und mittleres Licht (30–40 Klux) eingestellt, erwirtschaften dafür auch nur 10–15 mg CO_2/g/h. All diese neueren Forschungen zeigen, daß sich auch Umweltbedingungen, die dem menschlichen Empfinden als hart und lebensfeindlich erscheinen, in Wirklichkeit als durchaus pflanzengemäß erweisen.

Der Klimastreß im Hochgebirge erfüllt dabei eine wichtige Funktion als „Anpassungstraining und Auslesefilter“ für die Weiterentwicklung der Pflanzen. (LARCHER 1983, 1987)

Eine kleine Elite von Spezialisten hat durch mannigfache Anpassung der äußeren Form und der inneren Konstitution – in vielen winzigen Schritten und unendlich langsam – „gelernt“, in jenen eisigen Höhen, wo für kurze Zeit im Jahr jeden Tag Sommer oder Winter sein kann, auf Dauer ein vielgestaltiges Leben zu führen.

Abb. 291 Stengelloses Leimkraut *Silene acaulis,* eine der wenigen Blütenpflanzen der nivalen Polsterfluren

Literatur

AICHINGER E. 1933: Vegetationskunde der Karawanken. Jena
ALBRECHT J. 1969: Soziologisch-ökologische Untersuchungen alpiner Rasengesellschaften, insbes. an Standorten auf Kalk-Silikatgesteinen. – Diss. Bot. 5 Cramer.
AULITZKY, H. 1963: Grundlagen und Anwendung des vorläufigen Wind-Schnee-Ökogrammes. – Mitt. forstl. Bu. Vers. Anst. Mariabrunn in Wien.
BARTOLI F. & G. BURTIN 1979: Étude de quatre séquences Sol-Végétation a l'étage alpin. – Doc. Cart. Ecol. XXI, Grenoble.
BONO G. & M. BARBERO 1976: Carta ecologica della Provincia di Cuneo. – Doc. Cart. Ecol. XVII, Grenoble.
BRAUN-BLANQUET J. 1913: Die Vegetationsverhältnisse der Schneestufe in den Rätisch-Lepontischen Alpen. – Neue Denkschr. Schw. Natf. Ges. XLVIII.
BRAUN-BLANQUET J. & H. JENNY 1926: Vegetationsentwicklung und Bodenbildung in der alpinen Stufe der Zentralalpen. Denkschr. Schw. Naturf. Ges. XLIII.
BRAUN-BL. J., H. PALLMANN & R. BACH 1954: Vegetation und Böden der Wald- und Zwergstrauchgesellschaften (Vaccinio-Piceetalia). – Ergebn. wiss. Unters. d. Schweizer Nat. Parks Bd. 4.
BRAUN-BL. J. 1954: Étude botanique de l' Étage alpin particulièrement en France. VIII. Congr. Intern. Paris.
CALDWELL M.M. 1968: Solar UV radiation as an ecological factor for alpine plants. Ecol. Monogr. 38, Springer.
CERNUSCA A. 1976a: Bestandesstruktur, Bioklima und Energiehaushalt von alpinen Zwergstrauchbeständen. – Oecol. Plant. 11.
CERNUSCA A. 1976b: Energie- und Wasserhaushalt eines alpinen Zwergstrauchbestandes während einer Föhnperiode. – Arch. Met. Geophys. Biokl., Ser. B. 24.
CERNUSCA A. (Hsg.) 1977: Alpine Grasheide Hohe Tauern. Ergebnisse der Ökosystemstudie 1976, Veröff. Österr. Hochgeb. MAB-Progr. Hohe Tauern, Bd. 1. Wagner, Innsbr.
CERNUSCA A. (1977): Bestandesstruktur, Mikroklima, Bestandesklima und Energiehaushalt von Pflanzenbeständen des alpinen Grasheidegürtels in den Hohen Tauern. Idem.
DALLA TORRE M. 1982: Die Vegetation der subalpinen und alpinen Stufe in der Puez-Geislergruppe (Südtirol). – Diss. Univ. Innsbruck.
DIELS L. 1910: Genetische Elemente in der Flora der Alpen. – Engler's Bot. Jb. 44, Beibl. 102.
DIELS L. 1914: Die Algenvegetation der Südtiroler Dolomitriffe. – Ber. Dtsch. Bot. Ges. 32.
DIERSSEN K. 1984: Vergleichende vegetationskundl. Untersuchungen an Schneeböden *(Salicetea herbaceae)*. – Ber. Deutsch. Bot. Ges. Bd. 97.
EHRENDORFER F. 1963: Cytologie, Taxonomie und Evolution bei Samenpflanzen. – Vistas in Botany Bd. 4. Pergamon-London.
ELLENBERG H. 1978: Vegetation Mitteleuropas mit den Alpen. Ulmer-Stuttgart.
FRANZ H. 1979: Ökologie der Hochgebirge. – Ulmer-Stuttgart.
FRIEDEL H. 1938: Die Pflanzenbesiedlung im Vorfeld des Hintereisferners. – Z. Gletscherkunde Bd. 26 (3).
FRIEDEL H. 1938: Boden- und Vegetationsentwicklung im Vorfelde des Rhonegletschers. – Ber. Geobot. Rübel Zürich.
FRIEDEL H. 1956: Die Vegetation des obersten Mölltales (Hohe Tauern). – Wiss. Alpenvereinshefte Nr. 16.
GAMS H. 1935: Das Pflanzenleben des Großglocknergebietes. – Z. Dtsch. Österr. AV.
GEIGER R. 1968: Das Klima der bodennahen Luftschicht. – Vieweg-Braunschweig.
GIGON A. 1983: Welches ist der wichtigste Standortsfaktor für die floristischen Unterschiede zwischen benachbarten Pflanzengesellschaften? – Verh. Ges. f. Ökologie. Bd. XI.
GIGON A. 1987: A hierachic approach in causal Ecosystem Analysis. The Calcifuge-Calcicole Problem in Alpine Grasslands. In: Ecological studies vol. 61, Springer.
GILOMEN H. 1983: *Carex curvula* All. ssp. nov. *rosae* Gilomen. – Ber. Geobot. Inst. Rübel, Zürich.
GENSAC P. 1977: Sols et séries de végétation dans les Alpes Nord-occidentales. – Doc. Cart. Ecol. XIX.
GENSAC P. & A. TROTEREAU 1983: Flore et végétation du Vallon de l'Iseran et du Val Prationd. – Trav. Sci. Parc Nat. Vanoise XIII.
GRABHERR G. 1977: Der CO_2-Haushalt des immergrünen Zwergstrauchs *Loiseleuria procumbens* in Abhängigkeit von Strahlung, Temperatur, Wasserstreß und phänologischem Zustand. – Photosynthetica 11.
GRABHERR G., MÄHR E. & H. REISIGL 1978: Nettoprimärproduktion und Reproduktion in einem Krummseggenrasen *(Caricetum curvulae)* der Ötztaler Alpen, Tirol. – Oecol. Plant. 13.
GRACANIN Z. 1972: Vertikale und horizontale Verteilung der Bodenbildung auf Kalk und Dolomit im mittleren Abschnitt der Alpen. – Mitt. Dtsch. Bodenkundl. Ges. 15.
GRUBER F. 1975: Untersuchungen zur Verstaubung von Hochgebirgsböden im Glocknergebiet. – Dipl. Arbeit, Wien.
HARTL H. 1938: Einige ostalpine Vorkommen des Goldschwingels. – Carinthia II, 173. /93. Jg.
HASELWANDTER K. 1986: Mycorrhizal infection and its possible ecological significance in climatically and nutritionally stressed alpine plant communities. – Angewandte Bot.
HASELWANDTER K., HOFMANN A., HOLZMANN H. P., READ D. J. 1938: Availability of nitrogen an phorphorus in the nival zone of the Alps.-Oecologia 57.
HEER O. 1884: Über die nivale Flora der Schweiz. – Denkschr. d. Schw. Ges. f. ges. Naturwiss. XXIX.
HESS E. 1909: Über die Wuchsformen der alpinen Geröllpflanzen. – Beih. Bot. Cbl. Bd. XXVII, Abt. II, H. 1.
HOFER H. 1979: Der Einfluß des Massenschilaufs auf alpine Sauerbodenrasen und Beobachtungen zur Phänologie des *Curvuletums*. – Diss. Univ. Innsbruck.
HOLZNER W. & E. HÜBL 1977: Zur Vegetation der Kalkalpengipfel des westlichen Niederösterreich. – Jb. z. Schutz d. Alpenpfl. und -tiere H. 42.
JAAG O. 1945: Untersuchungen über die Vegetation und Biologie der Algen des nackten Gesteins. – Beitr. z. Kryptogamenflora der Schweiz 9.
JEROSCH M. 1903: Geschichte und Herkunft der schweizerischen Alpenflora. – Leipzig.
JENNY H. 1926: In: BRAUN-BL. & JENNY.
JENNY-LIPS H. 1930: Vegetationsbedingungen von Pflanzengesellschaften auf Felsschutt. – Beih. Bot. Cbl. 46.
JOCHIMSEN M. 1970: Die Vegetationsentwicklung auf Moränenböden in Abhängigkeit von einigen Umweltfaktoren. – Veröff. Univ. Innsbruck H. 46.
KAINMÜLLER CH. 1975: Frostresistenz von Hochgebirgspflanzen. – Sitz. Ber.Österr.AK. Wiss., math.-nat.Kl. 7.
KINZEL H. 1982: Pflanzenökologie und Mineralstoffwechsel. Ulmer-Stuttgart.
KÖLBEL H. 1984: Die Schnee-Ausaperung im Gurglertal (Ötztal, Tirol). – Salzb. geogr. Arbeiten Bd. 12.
KÖRNER Ch. 1977: Evaporation und Transpiration verschiedener Pflanzenbestände im alpinen Grasheidegürtel der Hohen Tauern. – Veröff. Österr. Hochgebirgs-MAB-Programm Hohe Tauern, Bd. 1, Wagner-Innsbr.
KÖRNER Ch. 1982: CO_2-exchange in the alpine sedge *Carex curvula* as influenced by canopy-structure, light and temperature. – Oecologia 53.
KÖRNER CH., WIESER G. & H. GUGGENBERGER 1980: Der Wasserhaushalt eines alpinen Rasens in den Zentralalpen. – In: Untersuchungen an alpinen Böden in den Hohen Tauern. Veröff. Österr. MAB-Hochgebirgsprogramm Bd. 3. Wagner-Innsbruck.
KÖRNER Ch. & R. MAIR 1981: Stomatal behaviour in alpine plant communities between 600 and 2600 m above sea level. – Proc.Brit.Ecol.Soc., Edinburgh.

KÖRNER Ch., P. BANNISTER u. A. F. MARK 1986: Altitudinal variation in stomatal conductance, nitrogen content and leaf anatomy in different plant life forms in New Zealand. Oecologia (Berlin) 69.
KÖRNER Ch. & U. RENHARDT 1987: Dry matter and nitrogen partitioning in low and high altitude plants. – In: RORISON I. H. & J. P. GRIME (ed.): Frontiers of comparative ecology. Unit of Comp. Pl. Ecol. Sheffield.
KÖRNER Ch. & M. DIEMER 1987: In situ photosynthetic responses to light, temperature and carbon dioxide in herbaceous plants from low and high altitudes. – Functional Ecology Bd. 1.
KRESS A. 1963: Zytotaxon. Untersuchungen an den Primeln der Sektion *Auricula* Pax. – Öst. Bot. Z. 110.
LANGE O. L. 1965: Der CO_2-Gaswechsel von Flechten bei tiefen Temperaturen. – Planta 64.
LARCHER W. 1957: Frosttrocknis an der Waldgrenze und in der alpinen Zwergstrauchheide auf dem Patscherkofel bei Innsbruck. – Veröff. Museum Ferd. Innsbruck H. 37.
LARCHER W. 1977a: Produktivität und Überlebensstrategien von Pflanzen und Pflanzenbeständen im Hochgebirge. – Sitz. Ber. Österr. Akad. Wiss., math.-nat. Kl. Abt. I. 186.
LARCHER W. 1977b: Ergebnisse des IBP-Projekts „Zwergstrauchheide Patscherkofel". Idem.
LARCHER W. 1980: Klimastreß im Gebirge – Adaptationstraining und Selektionsfilter für Pflanzen. – Rhein.-West. Akademie Wiss. Vorträge Nr. 291.
LARCHER W. 1981: Resistenzphysiologische Grundlagen der evolutiven Kälteakklimatisation von Sproßpflanzen. – Plant Syst. Evol. 137.
LARCHER W. 1983: Ökophysiologische Konstitutionseigenschaften von Gebirgspflanzen. – Ber. Dtsch. Bot. Ges. Bd. 96.
LARCHER W. 1984: Ökologie der Pflanzen. – 4. Aufl. Ulmer Stuttgart.
LARCHER W. & J. WAGNER 1976: Temperaturgrenzen der CO_2-Aufnahme und Temperaturresistenz der Blätter von Gebirgspflanzen im vegetationsaktiven Zustand. – Oecologia plantarum 11.
LECHNER G. 1969: Die Vegetation der inneren Pfunderer Täler (Pustertal). – Diss. Univ. Innsbruck.
MERXMÜLLER H. 1952, 1953, 1954: Untersuchungen zur Sippengliederung und Arealbildung in den Alpen. – Ver. z. Schutz d. Alpenpfl. u. -tiere H. 17, 18, 19.
MOSER W., BRZOSKA W., ZACHHUBER K. & W. LARCHER 1977: Ergebnisse des IBP-Projekts „Hoher Nebelkogel, 3184 m". – Sitz. Ber. Österr. Akad. Wiss., math.-nat. Kl. Abt. 1, 186.
NIEDERBRUNNER F. 1975: Die Vegetation der Sextner Dolomiten. – Diss. Univ. Innsbruck.
OBERDORFER E. 1959: Borstgras- und Krummseggenrasen in den Alpen. – Beitr. naturk. Forsch. SW-Deutschl. XVIII.
OETTLI M. 1903: Beiträge zur Ökologie der Felsflora. – Jb. St. Gallen Naturw. Ges.
PACHERNEGG G. 1973: Struktur und Dynamik der alpinen Vegetation auf dem Hochschwab. Diss. Bot. Bd. 22, Cramer.
OZENDA P. 1985: La Végétation de la chaîne alpine. – Masson, Paris.
OZENDA P. u. G. CLAUZADE 1970: Les Lichens. – Masson Paris.
PEDROTTI F. 1970: Tre nuove associazioni erbacee di substrati calcarei in Trentino. – Studi Trent. di Sci. nat. Sez. B, vol. 47.
PÜMPEL B. 1977: Bestandesstruktur, Phytomassevorrat und Produktion verschiedener Pflanzengesellschaften im Glocknergebiet. – Veröff. d. Österr. MAB-Hochgebirgsprogramms Hohe Tauern. Bd. 1, Wagner-Innsbruck.
RAUH W. 1939: Über polsterförmigen Wuchs. – Nova Acta Leopold. Bd. 7, Nr. 49. Halle.
RAFFL E. 1982: Die Vegetation der alpinen Stufe in der Texelgruppe (Meran). – Diss. Univ. Inssbruck.
READ D. J. & K. HASELWANDTER 1986: Observations on the mycorrhizal status of some alpine plant communities. – New Phytol. 88.
REHDER H. 1970: Zur Ökologie, insbes. der N-Versorgung subalpiner und alpiner Pflanzengesellschaften im Naturschutzgebiet Schachen. – Diss. Bot. 6, Cramer.
REHDER H. 1975: Phytomasse und Nährstoffverhältnisse einiger alpiner Rasengesellschaften. – Verh. Ges. Ökologie, Wien.
REHDER H. 1976a, 1976b, 1977: Nutrient turnover-studies in alpine ecosystems. – Oecologia 22, 23, 28.
REISIGL H. & H. PITSCHMANN 1958: Obere Grenzen von Flora und Vegetation in der Nivalstufe der zentralen Ötztaler-Alpen. – Vegetatio 8.
SAKAI A. u. W. LARCHER 1987: Frost survival of plants. – Ecol. Stud. 62, Springer.
SCHEFFER-SCHACHTSCHABEL 1984: Lehrbuch der Bodenkunde 11. Aufl. Enke, Stuttgart.
SCHMID L. 1977: Phytomassevorrat und Nettoprimärproduktivität alpiner Zwergstrauchbestände. – Oecol. Plant. 12.
SCHROETER C. 1926: Das Pflanzenleben der Alpen. – Raustein-Zürich.
SMETTAN H. 1981: Die Pflanzengesellschaften des Kaisergebirges-Tirol. – Ver. z. Schutz d. Alpenpfl. u. -tiere.
SUTTER R. 1962: Das *Caricion austro-alpinae* – ein neuer insubrisch-südalpiner *Seslerietalia*-Verband. – Mitt. ostalp.-din. Ges. f. Vegetationskunde H. 2.
TERMIER, H. und G., 1952: Histoire géologique de la biosphère – Paris.
TEVINI M. & D. P. HAEDER 1985: Allgemeine Photobiologie. – Thieme-Stuttgart.
THENIUS, E. 1977: Meere und Länder im Wechsel der Zeiten. – Springen.
THIMM I. 1953: Die Vegetation des Sonnwendgebirges (Rofan), Tirol. – Schlernschr. Bd. 118, Innsbruck.
TSCHAGER A., HILSCHER H., FRANZ S., KULL U. & W. LARCHER 1982: Jahreszeitliche Dynamik der Fettspeicherung von *Loiseleuria procumbens*. – Oecol. Plant. 3.
TURNER H. 1970: Grundzüge der Hochgebirgs-Klimatologie. – In: Die Welt der Alpen. Pinguin-Verl. Innsbruck.
WEGENER A. 1912: Die Entstehung der Kontinente. – Geol. Rundschau 3.
WAHLENBERG G. 1813: De vegetatione et climate in Helvetia septentrionali. – Zürich.
WENDELBERGER G. 1962: Die Pflanzengesellschaften des Dachsteinplateaus. – Mitt. d. Naturwiss. Ver. Steiermark. Bd. 92.
WENDELBERGER G. 1971: Die Pflanzengesellschaften des Raxplateaus. – Mitt. Naturwiss. Ver. Steiermark Bd. 100.
WINKLER E. & W. MOSER 1967: Die Vegetationszeit in zentralalpinen Lagen Tirols in Abhängigkeit von den Temperatur- und Niederschlagsverhältnissen. – Veröff. Mus. Ferd. Innsbruck H. 47.
ZACHHUBER K. 1975: Blütenentwicklung, Vegetationsablauf, Speicherverhalten und Kaloriengehalt von *Primula*- und *Saxifraga*-Arten aus verschiedenen Höhenstufen. – Diss. Univ. Innsbruck.
ZOLLITSCH B. 1966: Soziologische und ökologische Untersuchungen auf Kalkschiefer in hochalpinen Gebieten. – Ber. Bayer. Bot. Ges. 40.
ZÖTTL H. 1951: Die Vegetationsentwicklung auf Felsschutt in der alpinen und subalpinen Stufe des Wettersteingebirges. – Jb. d. Ver. z. Schutze d. Alpenpfl. u. -tiere H. 16.

Florenwerke
und Bestimmungsbücher

TUTIN T. G. & V. H. HEYWOOD 1964–1980: Cambridge Univ. Press, Flora Europaea. 5 Bände.
PIGNATTI S. 1982: Flora d' Italia. – Edagricole Bologna. 3 Bände.
FOURNIER P. 1977: Le quatre flores de la France. – Ed. Lechevalier-Paris.
HESS H. E., LANDOLT E. & R. HIRZEL 1957–73: Flora der Schweiz. 3 Bände. Birkhäuser-Basel.
GREY-WILSON C. & M. BLAMEY 1980: Parey's Bergblumenbuch. Parey-Berlin.
DANESCH E. u. O. 1981: Faszinierende Welt der Alpenblumen. Ringier-Zürich.
HEGI G., MERXMÜLLER H. & H. REISIGL 1977: Kleine Alpenflora. 25. Aufl. – Parey – Berlin.
LIPPERT W. 1987: Fotoatlas der Alpenblumen. – Gräfe & Unzer-München.
LIPPERT W. 1987: GU Alpenblumenkompaß. – Gräfe & Unzer-München.
PITSCHMANN H., REISIGL H. & H. M. SCHIECHTL 1965: Flora der Südalpen. – Fischer-Stuttgart.
REISIGL H. 1979: Blumenwelt der Alpen. – Pinguin – Innsbruck.
WENDELBERGER E. 1984: Alpenpflanzen. – BLV Intensivführer. – München.

Register

Deutsche Pflanzennamen

Register

Lateinische Pflanzennamen

Studienblatt: Krautweide *Salix herbacea*

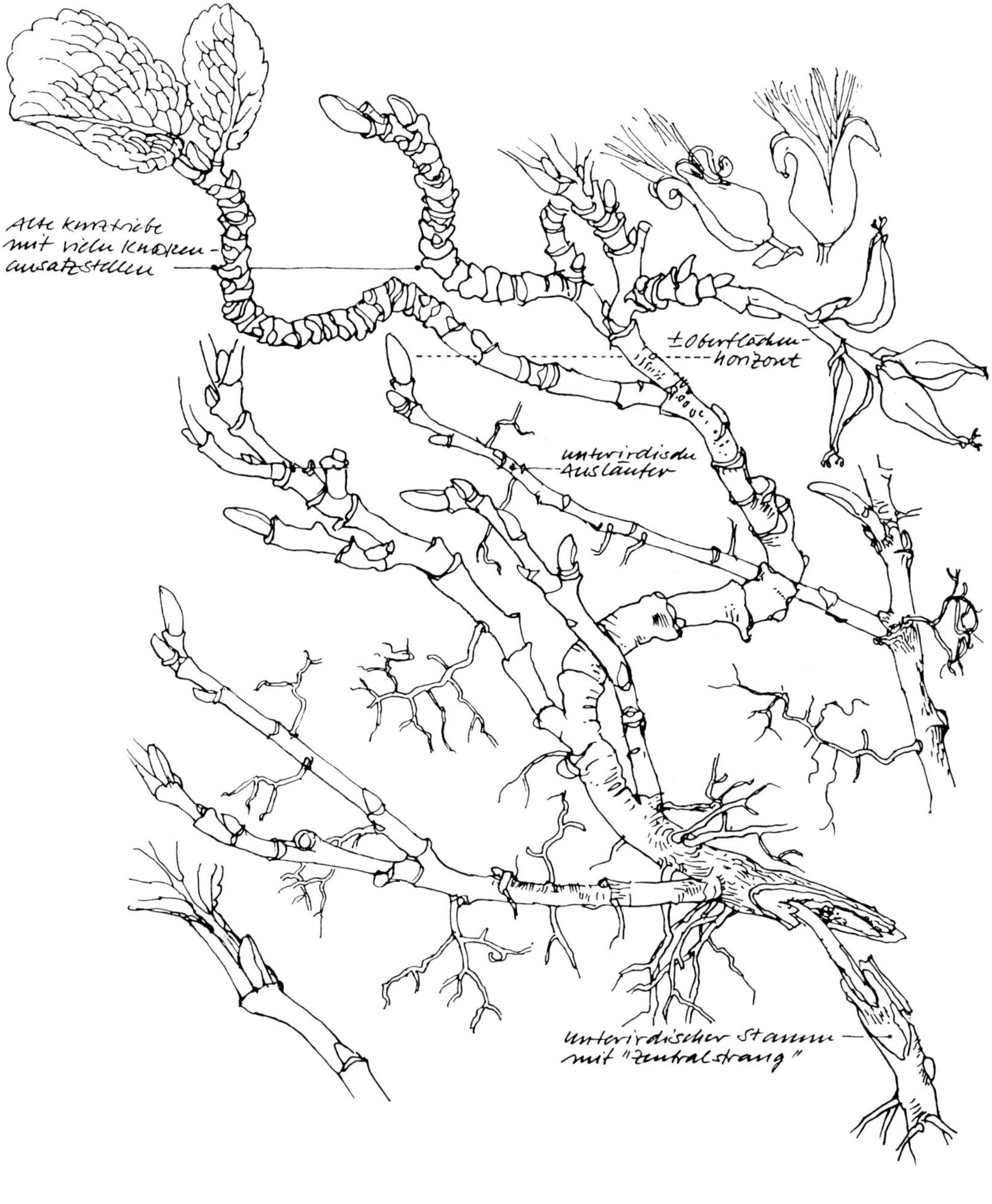